汉语语音教程
Chinese Pronunciation Course

基础篇
Basic Study

主 编 何 平
副主编 何惠芹 杨 楠

图书在版编目(CIP)数据

汉语语音教程·基础篇/何平主编. —北京：北京大学出版社，2006.6
ISBN 978-7-301-07834-1

Ⅰ. 汉… Ⅱ. 何… Ⅲ. 汉语–语音–对外汉语教学–教材　Ⅳ. H195.4

中国版本图书馆 CIP 数据核字(2005)第 131534 号

书　　　名：	汉语语音教程·基础篇
著作责任者：	何　平　主编
责 任 编 辑：	严胜男
标 准 书 号：	ISBN 978-7-301-07834-1/H·1151
出 版 发 行：	北京大学出版社
地　　　址：	北京市海淀区成府路 205 号　100871
网　　　址：	http://www.pup.cn
电　　　话：	邮购部 62752015　发行部 62750672　编辑部 62753374　出版部 62754962
电 子 邮 箱：	zpup@pup.pku.edu.cn
印 　刷 　者：	北京大学印刷厂
经 　销 　者：	新华书店
	787毫米×1092 毫米　16 开本　13.75 印张　310 千字
	2006 年 6 月第 1 版　2019 年 8 月第 6 次印刷
定　　　价：	52.00 元(附赠 CD 2 张)

未经许可，不得以任何方式复制或抄袭本书之部分或全部内容。
版权所有，侵权必究　　举报电话：010-62752024
　　　　　　　　　　　　电子邮箱：fd@pup.pku.edu.cn

编写说明

外国人学习汉语，首要是学好汉语语音。语音是外国人学习汉语的难点之一。发音的正确与否将直接影响到学生的"听"和"说"，影响到学生使用汉语的质量。本教材就是为外国人编写的一部汉语语音教材，它可以帮助学生更快、更扎实地学好汉语语音，少走或者不走弯路，养成正确的发音习惯，为学好汉语奠定基础。

基于多年来积累的对外汉语教学经验，在调查了45个国家1246名留学生学习汉语语音情况之后，我们于2002年4月着手编写这部教材，历时近三年，现在终于可以呈现给大家了，了却了我们多年的心愿。

本教材吸收了最新的声调教学科研成果，注重声调教学，加强声调练习，真正使声调教学贯穿于对外汉语语音教学的全过程。

本教材在编写时较多地考虑到其可接受性，始终遵循以学生为本，精讲多练的教学原则。练习材料体裁广泛，内容丰富有趣，浅显易懂。

本教材包括"基础篇"和"提高篇"两册。"基础篇"是为初学汉语的外国人编写的基础语音教材，主要讲解语音常识，共分九课：声调和单韵母、声母、复韵母、鼻韵母、变调、轻声、儿化、"啊"的音变、语调。练习中选用了顺口溜、谜语、诗歌等材料。每课后边附有自测题，供学生课余自测。

"提高篇"是为学过半年以上汉语的外国人编写的语音教材，以分辨难音为主，包括汉语语音各要素的难点，共分十一课：音节分辨、声调分辨、声母分辨（一）、声母分辨（二）、声母分辨（三）、单韵母分辨、复韵母分辨、鼻韵母分辨、轻声和"啊"的音变分辨、儿化分辨、散文朗读。练习中有常用词语、句子和短文等材料。每课后边附有自测题，供学生课余使用。

"基础篇"附有"一"的变调词语、"不"的变调词语、必读轻声的词、儿化词、汉语声韵调配合表，以及练习答案和自测题答案，供教师和学生参考。"提高篇"也附有练习答案和自测题答案。

本教材还配有用标准的汉语录制的CD，供学习者模仿练习和课后自测。

我们衷心感谢外国朋友苏文龙(TEDDY ROBIN)、阿努尔、李月娥、周哲明、丽云、李佳英为本书翻译短文的生词;感谢北京大学出版社严胜男女士、北京语言大学进修学院和基础系的领导,他们为本书的写作和出版给予了大力支持。

限于水平,书中难免有疏漏和不周之处,尚祈专家和读者不吝赐教。

何 平

2005年9月30日

Introduction

When learning Chinese, the first and most important thing for foreigners is to pronounce their words correctly. It's also one of the most difficult aspects. Correct pronunciation is directly related to one's listening and speaking ability. Focusing on this aspect simultaneously will improve one's Chinese. This is a book on Chinese pronunciation designed for foreign learners. It will help students grasp Chinese pronunciation better and more quickly avoiding detours, form good pronunciation habits, and lay a solid foundation for further study.

Having accumulated much experience on Chinese language teaching, and having surveyed 1246 foreign students from 45 countries with special attention to pronunciation, we started to compile this book in April 2002. After three years, the book is finally ready to be placed before learners. Thus, our wish has been realized.

This book benefits from the latest achievements in scientific research on tones and lays emphasis on tones teaching and practice.

In the process of compiling this book, we fully considered its acceptability and followed the "students-centered" rule, which entails making concise explanations and giving more practice. This book involves various exercises, ranging in style and content, so that learners will find it helpful and stimulating.

This book has two volumes: "Basic Study" and "Advanced Study". "Basic Study" is an elementary pronunciation course for beginners, which mainly explains the general knowledge of Chinese pronunciation. It consists of 9 units: The Tones and the Simple Finals, the Initials, the Compound Finals, the Nasal Finals, the Changes of Tones, the Neutral Tone, the r-Ending Retroflexion, the Changes in the Pronunciation of "啊", and Intonation. Jingles, riddles, poems etc., are used as exercise materials. There are after-class self-test exercises attached to each unit for students to practice by themselves after class.

"Advanced Study" is for the foreigners who have learned Chinese for more than six months. It lays emphasis on differentiation, covering all the difficult points of Chinese pronunciation. It consists of 11 units: Differentiation of Syllables, Differentiation of Tones, Differentiation of Initials（一）, Differentiation of Initials（二）, Differentiation of Initials（三）, Differentiation of Simple Finals, Differentiation of Compound Finals, Differentiation of Nasal Finals, Differentiation of the Neutral Tone and the Changes in the Pronunciation of "啊", Differentiation of the r-Ending Retroflexion, and Prose Reading. Common words, sentences and short articles etc. are used as exercise materials. There are after-class self-test exercises attached to each unit for students to practice by themselves after class.

The "Basic Study" book includes an appendix section explaining the rules of Chinese pronunciation. There are: The Words with "一" Whose Tone Changes, the Words with "不" Whose Tone Changes, the Words that Must Be Read in a Neutral Tone, the r-Ending Retroflex Words, and a Table of Combinations of the Initials, Finals and Tones in Chinese. Learners will also find the answers to exercises attached to the lessons, comprehensive exercises, and after-class self-test exercises, for teachers and students to use them as a reference. The "Advanced Study" book also contains the answers to the lessons-related exercises, comprehensive exercises, and after-class self-test exercise.

There is also an accompanying CD recorded in standard Chinese. Learners could read after the CD or use it to practice by themselves after class.

We would like to thank some foreign friends: Su Wenlong (TEDDY ROBIN), Anu'er, Li Yue'e, Zhou Zheming, Liyun and Li Jiaying who translated the new words in the short articles used in this book. We are also grateful to Ms Yan Shengnan of Peking University Press and the leaders of the College of Advanced Chinese Training at Beijing Language and Culture University for their support and help.

There should be some mistakes and oversighs due to the compilers' limited ability. We welcome advice and suggestions from readers and experts.

He Ping
September 30th,2005

Contents

第一课　声调和单韵母　Lesson One　The Tones and the Simple Finals … 1

一、汉语的 4 个声调　The 4 Tones in Chinese …………… 1

二、汉语的 8 个单韵母及声调
The 8 Simple Finals and the Tones in Chinese ………… 2

综合练习　Comprehensive Exercises ……………………… 4

课后自测题　After Class Self-test Exercises …………… 6

第二课　声母　Lesson Two　The Initials ………………… 8

汉语的 21 个声母及声调　The 21 Initials and the Tones in Chinese ……… 8

综合练习　Comprehensive Exercises ……………………… 17

课后自测题　After Class Self-test Exercises …………… 27

第三课　复韵母　Lesson Three　The Compound Finals ……… 29

汉语的 13 个复韵母及声调
The 13 Compound Finals and the Tones in Chinese ……… 29

综合练习　Comprehensive Exercises ……………………… 35

课后自测题　After Class Self-test Exercises …………… 42

第四课　鼻韵母　Lesson Four　The Nasal Finals …………… 44

汉语的 16 个鼻韵母及声调
The 16 Nasal Finals and the Tones in Chinese …………… 44

综合练习　Comprehensive Exercises ……………………… 49

课后自测题　After Class Self-test Exercises …………… 57

1

第五课　变调　Lesson Five　The Changes of Tones ········· 59
一、第三声的变调　The Changes of the 3rd Tone ········· 59
二、第四声的变调　The Change of the 4th Tone ········· 62
三、"一"的变调　The Tone Changes of "一" ········· 63
四、"不"的变调　The Tone Changes of "不" ········· 64
综合练习　Comprehensive Exercises ········· 67
课后自测题　After Class Self-test Exercises ········· 72

第六课　轻声　Lesson Six　The Neutral Tone ········· 75
一、汉语的4种轻声　The 4 Neutral Tones in Chinese ········· 75
二、轻声的作用　The Functions of the Neutral Tone ········· 78
三、必读轻声的词　The Words that Must Be Read in a Neutral Tone ········· 78
综合练习　Comprehensive Exercises ········· 80
课后自测题　After Class Self-test Exercises ········· 88

第七课　儿化　Lesson Seven　The r-Ending Retroflexion ········· 91
汉语的4类儿化韵　The 4 Kinds of r-Ending Retroflexion in Chinese ········· 91
综合练习　Comprehensive Exercises ········· 102
课后自测题　After Class Self-test Exercises ········· 110

第八课　"啊"的音变　Lesson Eight　The Changes in the Pronunciation of "啊" ········· 113
"啊"的6种音变　The 6 Changes in the Pronunciation of "啊" ········· 113
综合练习　Comprehensive Exercises ········· 115
课后自测题　After Class Self-test Exercises ········· 122

第九课　语调　Lesson Nine　Intonation ········· 124
一、重音　Stresses ········· 124
二、停顿　Pauses ········· 127
三、句调　The Tunes of Sentences ········· 129
综合练习　Comprehensive Exercises ········· 131

课后自测题　After Class Self-test Exercises ·················· 138

附　录　Appendix ························· 141

一、"一"的变调词语　The Words with"一"Whose Tone Changes ········ 141

二、"不"的变调词语　The Words with "不" Whose Tone Changes ······· 145

三、必读轻声的词　The Words that Must Be Read in a Neutral Tone ······ 150

四、儿化词　The r-Ending Retroflex Words ·························· 159

五、汉语声韵调配合表　Table of Combinations of the Initials, Finals and Tones in Chinese ··················· 163

六、部分练习答案　Answers to Parts of the Exercises ················ 172

七、课后自测题答案　Answers to After Class Self-test Exercises ········ 200

Dì-yī kè   Shēngdiào hé dānyùnmǔ

第一课　声调和单韵母
Lesson One　The Tones and the Simple Finals

> 拼写规则提示：
> 1. 单韵母音节的声调要标在单韵母的上方,如 ā(啊)。
> 2. i、ü 自成音节时,在前边加上 y,标声调时要省略 i、ü 上的点儿,如 yī (衣)、yǔ(雨)。
> 3. u 自成音节时,要在前边加上 w,如 wū(屋)。

一、汉语的 4 个声调　The 4 Tones in Chinese

汉语有四种基本调值:高平调、中升调、低降升调和全降调,可归纳为四个调类:阴平、阳平、上(shǎng)声和去声,统称"四声"。调值一般用"五度标记法"来表示：

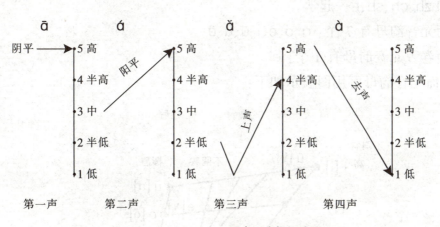

四声五度标记法图
Figure showing the tones

初学汉语声调时,可以把第一声简化成"高",第二声简化成"升",第三声简化成"低",第四声简化成"降"。为了便于学习和掌握,还可以把"高""低"作为一组,先学"高",后学"低";把"升""降"作为一组,先学"升",再学"降"。

下面是学习四声的简便读法：

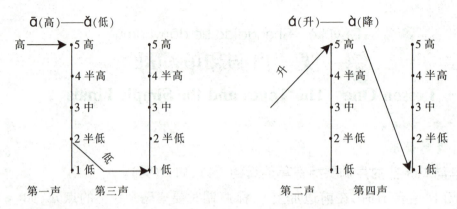

四声实际读音图
Figure showing the real pronunciation of 4 tones

要读准汉语的四个声调，关键是要掌握好高、低、升、降。读第三声时，虽然采用"低"的简便方法，但书面上，仍写成第三声的原调号"ˇ"。

二、汉语的 8 个单韵母及声调　The 8 Simple Finals and the Tones in Chinese

单韵母是由单元音构成的，如"mǐ(米)"中的"i"。汉语的单韵母有舌面元音韵母、舌面卷舌元音韵母和舌尖元音韵母三类。这里先学习前两类，第三类跟声母 z、c、s 和 zh、ch、sh、r 一起学。

1. 舌面元音韵母有 7 个：a、o、e、i、u、ü、ê
2. 舌面卷舌元音韵母有 1 个：er

7 个舌面元音韵母可用图表示如下：

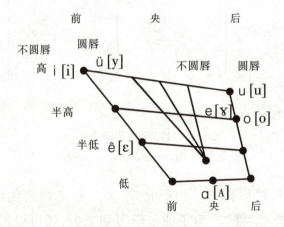

7 个单韵母的发音舌位图
Diagram illustrating the tongue position of the seven simple finals in Chinese

第一课　声调和单韵母

(一) 舌面元音韵母

1. a [A]

a 是央低单韵母。

请跟读,注意声调:

ā（啊）　　ǎ（啊）　　á（啊）　　à（啊）

2. o [o]

o 是后半高单韵母。

请跟读,注意声调:

ō（噢）　　ǒ（嚄）　　ó（哦）　　ò（哦）

3. e [ɤ]

e 是后半高单韵母。o 跟 e 的区别是:前者圆唇,后者不圆唇。

请跟读,注意声调:

ē（婀）　　ě（恶）　　é（鹅）　　è（饿）

4. i [i]

i 是前高单韵母。注意 i 自成音节时,要在 i 前加 y。

请跟读,注意声调:

yī（衣）　　yǐ（椅）　　yí（姨）　　yì（艺）

5. u [u]

u 是后高单韵母。i 跟 u 的区别是:前者舌位在前,不圆唇;后者舌位在后,圆唇。注意 u 自成音节时,要在 u 前加 w。

请跟读,注意声调:

wū（屋）　　wǔ（武）　　wú（无）　　wù（勿）

6. ü [y]

ü 是前高单韵母。ü 跟 u 的区别是:前者舌位在前,后者舌位在后。ü 跟 i 的区别是:前者圆唇,后者不圆唇。注意 ü 自成音节时,要在 ü 前加 y,同时省略 ü 上面的两点。

请跟读,注意声调:

yū(淤)　　yǔ(语)　　yú(鱼)　　yù(玉)

7. ê [ɛ]

ê 是前半低单韵母。在实际拼写中不用 ê,而用 e 代替。

请跟读,注意声调:

ê̄(欸)　　ê̌(欸)　　ế(欸)　　ề(欸)

(二) 舌面卷舌元音韵母

er [ɚ]

er 是卷舌单韵母。er 不跟声母拼合,自成音节。

请跟读,注意声调:

ēr　　ěr(耳)　　ér(儿)　　èr(二)

综合练习
Comprehensive Exercises

一、单韵母及声调　The Simple Finals and the Tones

(一) 单韵母

1. 请跟读,注意区别近似的单韵母。

a – o – e　　o – e　　e – o
i – u – ü　　u – i – ü　　ü – u – i
e – er – ê　　er – e – ê　　ê – e – er

2. 请边听边写出听到的单韵母。

(1)　(2)　(3)　(4)　(5)　(6)　(7)　(8)

(二) 声调

1. 请跟读,注意区分四个声调。

(1) ā – ǎ – á – à　　　á – ā – à – ǎ

第一课　声调和单韵母

```
            ǎ– à – ā – á            à – ǎ – á – ā
(2) ō – ó – ǒ – ò                   ó – ō – ò – ǒ
    ǒ – ò – ō – ó                   ò – ǒ – ó – ō
(3) ē – é – ě – è                   é – ē – è – ě
    ě – è – ē – é                   è – ě – é – ē
(4) yī – yí – yǐ – yì               yí – yī – yì – yǐ
    yǐ – yì – yī – yí               yì – yǐ – yí – yī
(5) wū – wú – wǔ – wù               wú – wū – wù – wǔ
    wǔ – wù – wū – wú               wù – wǔ – wú – wū
(6) yū – yú – yǔ – yù               yú – yū – yù – yǔ
    yǔ – yù – yú – yū               yù – yú – yǔ – yū
(7) ê̄ – ế – ê̌ – ề                   ế – ê̄ – ề – ê̌
    ê̌ – ề – ê̄ – ế                   ề – ê̌ – ế – ê̄
(8) ēr – ér – ěr – èr               ér – ēr – èr – ěr
    ěr – èr – ēr – ér               èr – ěr – ér – ēr
```

2. 请边听边在单韵母上方标出声调,第三声要用"ˇ"符号。

(1) e　(2) a　(3) a　(4) yu　(5) er　(6) wu　(7) yi　(8) o

3. 请边听边在横线上写出单韵母,然后跟读,注意声调。

(1) Shì＿＿＿, bú shì＿＿＿; shì＿＿＿, bú shì＿＿＿.
(2) Shì＿＿＿, bú shì＿＿＿; shì＿＿＿, bú shì＿＿＿.
(3) Shì＿＿＿, bú shì＿＿＿; shì＿＿＿, bú shì＿＿＿.
(4) Shì＿＿＿, bú shì＿＿＿; shì＿＿＿, bú shì＿＿＿.
(5) Shì＿＿＿, bú shì＿＿＿; shì＿＿＿, bú shì＿＿＿.
(6) Shì＿＿＿, bú shì＿＿＿; shì＿＿＿, bú shì＿＿＿.

4. 请边听边写出声母后面的单韵母并标上声调,然后跟读。

(1) Shì m＿＿(妈), bú shì m＿＿(马); shì m＿＿(麻), bú shì m＿＿(骂).
(2) Shì b＿＿(播), bú shì b＿＿(跛); shì b＿＿(伯), bú shì b＿＿(擘).
(3) Shì g＿＿(哥), bú shì g＿＿(葛); shì g＿＿(格), bú shì g＿＿(个).

(4) Shì____（衣），bú shì____（椅）；shì____（移），bú shì____（易）.

(5) Shì____（屋），bú shì____（舞）；shì____（无），bú shì____（务）.

(6) Shì____（迂），bú shì____（雨）；shì____（鱼），bú shì____（遇）.

二、双音词 Disyllabic Words

1. 请跟读，注意声调和 i、u、ü 的拼写。

　　āyí　（阿姨）　　ēyú（阿谀）　　　yǔyī（雨衣）
　　yúbō　（余波）　　wǔyì（武艺）　　　èyú（鳄鱼）

2. 请边听边写出听到的单韵母并标上声调。

　　(1)　　　(2)　　　(3)　　　(4)　　　(5)　　　(6)

3. 请边听边给拼音标出声调，第三声要用"ˇ"符号。

　　(1) eyu　　(2) wuyi　　(3) yuyi　　(4) eyu　　(5) ayi　　(6) yubo

课后自测题
After Class Self-test Exercises

一、单音词自测题 Exercises on Monosyllabic Words

（一）请边听边在单音词右边写出单韵母 Please listen and write down the simple finals on the right of each monosyllabic word

1. 啊（　）　　2. 二（　）　　3. 婀（　）　　4. 乌（　）
5. 衣（　）　　6. 迂（　）　　7. 喔（　）

（二）请边听边在单音词上方标出声调 Please listen and mark the tones on the top of each monosyllabic word

1. 鹅　2. 啊　3. 耳　4. 姨　5. 我　6. 鱼　7. 雾

二、双音词自测题　Exercises on Disyllabic Words

（一）请边听边在双音词右边写出单韵母　Please listen and write down the simple finals on the right of each disyllabic word

1. 乌鱼（　）（　）　2. 阿姨（　）（　）　3. 雨衣（　）（　）

4. 余波（　）（　）　5. 武艺（　）（　）　6. 阿谀（　）（　）

7. 饿死（　）（　）

（二）请边听边在双音词上方标出声调　Please listen and mark the tones on the top of each disyllabic word

1. 拾遗　2. 植物　3. 日出　4. 乌鱼　5. 二十　6. 至于

7. 饿死　8. 衣食　9. 食物　10. 识字　11. 武艺　12. 余波

13. 雨衣　14. 阿姨

Dì-èr kè　Shēngmǔ

第二课　声母
Lesson Two　The Initials

拼写规则提示：
1. i 跟声母拼合成音节时，不写 i 上面的点儿(轻声音节除外)，在点儿的地方标声调，如 bǐ(比)。
2. n 和 l 既跟 u 拼，又跟 ü 拼。当 n 和 l 跟 ü 相拼时，上面的两点儿不能省略，如 nǚ(女)、lǜ(绿)。
3. j、q、x 不跟 u 拼，只跟 ü 拼。当 j、q、x 跟 ü 拼合时，省略上面的两点儿，如 jù(剧)、qǔ(取)、xū(需)。

声母是音节开头的部分，如"bǐ(比)"中的"b"。汉语有 21 个声母。不同的声母是由不同的发音部位和发音方法决定的。

汉语的 21 个声母及声调　The 21 Initials and the Tones in Chinese

汉语的 21 个声母按发音部位的不同可以分为七类。
1. 双唇音有 3 个：b、p、m
2. 唇齿音有 1 个：f
3. 舌尖前音有 3 个：z、c、s
4. 舌尖中音有 4 个：d、t、n、l
5. 舌尖后音有 4 个：zh、ch、sh、r
6. 舌面前音有 3 个：j、q、x
7. 舌根音有 3 个：g、k、h

(一) 双唇音 b、p、m

这三个声母都是由上唇接触下唇构成阻碍而形成的音。它们的不同是因为发音方法不同造成的。

1. b [p]

b 是双唇音。

请跟读,注意声调:

b(o)

bō (波)	bǒ (跛)	bó (博)	bò (簸)
bī (逼)	bǐ (笔)	bí (鼻)	bì (闭)
bū (逋)	bǔ (哺)	bú (醭)	bù (不)

2. p [p']

p 是双唇音。b 跟 p 的区别是:前者不送气,后者送气。

请跟读,注意声调:

p(o)

pō (泼)	pǒ (叵)	pó (婆)	pò (破)
pī (披)	pǐ (匹)	pí (皮)	pì (僻)
pū (扑)	pǔ (普)	pú (葡)	pù (铺)

3. m [m]

m 是双唇、鼻音。

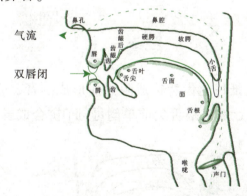

"m"的发音部位图
Figure showing the pronunciation of "m"

请跟读,注意声调:

m(o)

mō (摸)	mǒ (抹)	mó (磨)	mò (墨)
mī (眯)	mǐ (米)	mí (迷)	mì (密)
mū	mǔ (母)	mú (模)	mù (木)

(二) 唇齿音 f

这个声母是由上齿咬住下唇构成阻碍而形成的音。

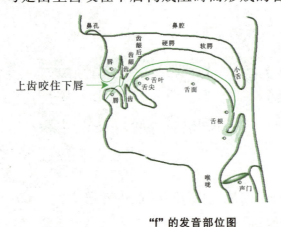

"f" 的发音部位图

Figure showing the pronunciation of "f"

f [f]

f 是唇齿音。p 跟 f 的区别是：前者的发音部位是双唇，后者是唇齿；p 是送气音。

请跟读，注意声调：

f(o)

| fā（发） | fǎ（法） | fá（罚） | fà（发） |
| fū（夫） | fǔ（府） | fú（扶） | fù（富） |

(三) 舌尖前音 z、c、s

这三个声母都是由舌尖抵住上齿背构成阻碍而形成的音。它们的不同是因为发音方法不同造成的。z、c、s 只跟舌尖前单韵母 -i[ɿ]拼合成音节，如 zī、cī、sī。

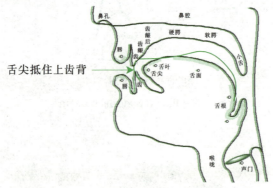

"z、c、s" 的发音部位图

Figure showing the pronunciation of "z、c、s"

1. z [ts]

z 是舌尖前音。

请跟读,注意声调:

z(-i)

zā（匝）	zǎ（咋）	zá（杂）	zà
zī（资）	zǐ（子）	zí	zì（字）
zū（租）	zǔ（祖）	zú（足）	zù

2. c [ts']

c 是舌尖前音。z 跟 c 的区别是:前者不送气,后者送气。

请跟读,注意声调:

c(-i)

cā（擦）	cǎ（礤）	cá	cà
cī（疵）	cǐ（此）	cí（词）	cì（次）
cū（粗）	cǔ	cú（殂）	cù（醋）

3. s [s]

s 是舌尖前音。

请跟读,注意声调:

s(-i)

sā（仨）	sǎ（洒）	sá	sà（萨）
sī（思）	sǐ（死）	sí	sì（四）
sū（苏）	sǔ	sú（俗）	sù（宿）

（四）舌尖中音 d、t、n、l

这四个声母都是由舌尖抵住上齿龈构成阻碍而形成的音。它们的不同是因为发音方法不同造成的。

1. d [t]

d 是舌尖中音。

请跟读,注意声调:

d(e)

dā（搭）	dǎ（打）	dá（达）	dà（大）
dī（低）	dǐ（底）	dí（笛）	dì（弟）
dū（督）	dǔ（堵）	dú（独）	dù（度）

2. t [t']

t是舌尖中音。d跟t的区别是:前者不送气,后者送气。

请跟读,注意声调:

t(e)

tā（他）	tǎ（塔）	tá	tà（踏）
tī（踢）	tǐ（体）	tí（提）	tì（替）
tū（突）	tǔ（土）	tú（图）	tù（吐）

3. n [n]

n是舌尖中鼻音。

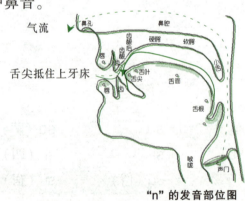

"n"的发音部位图

Figure showing the pronunciation of "n"

m跟n的区别是:前者的发音部位是双唇,后者是舌尖和上齿龈。ü跟n拼时,不能省略上面的两点。

请跟读,注意声调:

n(e)

nā（那）	nǎ（哪）	ná（拿）	nà（那）
nī（妮）	nǐ（你）	ní（泥）	nì（逆）
nū	nǔ（努）	nú（奴）	nù（怒）
nǖ	nǚ（女）	nǘ	nǜ（恶）

4. l [l]

l 是舌尖中、边音。

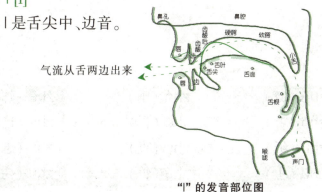

"l"的发音部位图
Figure showing the pronunciation of "l"

l 的舌位要比 n 靠后一点儿。ü 跟 l 拼时,不能省略上面的两点。
请跟读,注意声调:

l(e)

lā	（拉）	lǎ	（喇）	lá	（旯）	là	（辣）
lī	（哩）	lǐ	（里）	lí	（离）	lì	（立）
lū	（撸）	lǔ	（鲁）	lú	（炉）	lù	（鹿）
lǚ	（旅）			lǘ	（驴）	lǜ	（绿）

（五）舌尖后音 zh、ch、sh、r

这四个声母都是由卷起的舌尖抵住硬腭前部构成阻碍而形成的音。它们的不同是因为发音方法不同造成的。zh、ch、sh、r 只跟舌尖后单韵母 -i[ʅ]拼合成音节,如:zhī、chī、shī、rī。

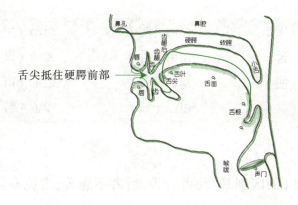

"zh、ch、sh、r"的发音部位图
Figure showing the pronunciation of "zh、ch、sh、r"

1. zh [tʂ]

zh 是舌尖后、卷舌音。

请跟读,注意声调:

zh(-i)

zhā（喳）	zhǎ（眨）	zhá（闸）	zhà（炸）
zhē（遮）	zhě（者）	zhé（哲）	zhè（这）
zhī（知）	zhǐ（纸）	zhí（直）	zhì（志）
zhū（猪）	zhǔ（主）	zhú（竹）	zhù（住）

2. ch [tʂ']

ch 是舌尖后、卷舌音。zh 跟 ch 的区别是:前者不送气,后者送气。

请跟读,注意声调:

ch(-i)

chā（插）	chǎ（衩）	chá（茶）	chà（差）
chē（车）	chě（扯）	ché	chè（彻）
chī（吃）	chǐ（尺）	chí（池）	chì（翅）
chū（出）	chǔ（楚）	chú（除）	chù（处）

3. sh [ʂ]

sh 是舌尖后、卷舌音。

请跟读,注意声调:

sh(-i)

shā（沙）	shǎ（傻）	shá（啥）	shà（煞）
shē（奢）	shě（舍）	shé（舌）	shè（设）
shī（师）	shǐ（使）	shí（石）	shì（市）
shū（书）	shǔ（暑）	shú（熟）	shù（数）

4. r [ʐ]

r 是舌尖后、卷舌音。r 跟 l 的区别是:前者卷舌;后者不卷舌,舌位靠前。

请跟读,注意声调:

r(-i)

rē	rě（惹）	ré	rè（热）
rī	rǐ	rí	rì（日）
rū	rǔ（乳）	rú（如）	rù（入）

（六）舌面前音 j、q、x

这三个声母都是由舌面前部抬起抵住硬腭前部构成阻碍而形成的音。它们的不同是因为发音方法不同造成的。

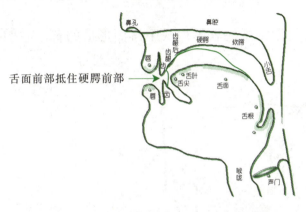

"j、q、x" 的发音部位图
Figure showing the pronunciation of "j、q、x"

1. j [tɕ]

j 是舌面前音。j 的舌位比 z 靠后一点儿，比 zh 靠前一点儿。

请跟读，注意声调：

j(i)

| jī（鸡） | jǐ（几） | jí（极） | jì（寄） |
| jū（居） | jǔ（举） | jú（桔） | jù（句） |

2. q [tɕ']

q 是舌面前音。q 的舌位比 c 靠后一点儿，比 ch 靠前一点儿。j 跟 q 的区别是：前者不送气，后者送气。

请跟读，注意声调：

q(i)

| qī（七） | qǐ（起） | qí（齐） | qì（气） |
| qū（区） | qǔ（取） | qú（渠） | qù（去） |

3. x [ɕ]

x 是舌面前音。x 的舌位比 s 靠后一点儿，比 sh 靠前一点儿。

请跟读，注意声调：

x(i)

| xī（西） | xǐ（洗） | xí（习） | xì（细） |
| xū（需） | xǔ（许） | xú（徐） | xù（序） |

（七）舌根音 g、k、h

这三个声母都是由抬起的舌根抵住软腭构成阻碍而形成的音。它们的不同是因为发音方法不同造成的。

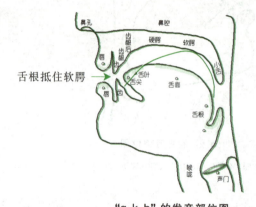

"g、k、h"的发音部位图
Figure showing the pronunciation of "g、k、h"

1. g [k]

g 是舌根音。

请跟读，注意声调：

g(e)

gā（旮）	gǎ（嘎）	gá（噶）	gà（尬）
gē（哥）	gě（葛）	gé（革）	gè（个）
gū（估）	gǔ（古）	gú	gù（故）

2. k [k']

k 是舌根音。g 跟 k 的区别是：前者不送气，后者送气。

请跟读，注意声调：

k(e)

kā (喀)	kǎ (咔)	ká	kà
kē (科)	kě (可)	ké (咳)	kè (课)
kū (哭)	kǔ (苦)	kú	kù (裤)

3. h [x]

h 是舌根音。h 的舌位比 g、k 靠后一点儿。

请跟读，注意声调：

h(e)

hā (哈)	hǎ (哈)	há (蛤)	hà (哈)
hē (喝)	hě	hé (河)	hè (贺)
hū (呼)	hǔ (虎)	hú (湖)	hù (护)

综合练习
Comprehensive Exercises

一、声母 Initials

（一）双唇音和唇齿音

1. 请跟读，注意区别 b、p 和 f 三个近似音。

(1) b – p – m   p – b – m   m – b – p
     m – p – b   b – m – p   p – m – b

(2) b – p – m – f   p – f – m – b   f – p – b – m

2. 请边听边写出听到的声母。

(1)   (2)   (3)   (4)

（二）舌尖前音、舌尖中音和舌尖后音

1. 请跟读，注意区别 z、d 和 zh 三组近似音。

(1) z – c – s   c – z – s   s – z – c   s – c – z
(2) d – t – n – l   t – d – n – l   n – d – t – l   l – d – t – n
(3) zh – ch – sh – r   zh – sh – ch – r   zh – r – sh – ch

```
         ch – zh – sh – r      sh – zh – ch – r      r – zh – ch – sh
         zh – ch               ch – zh
     (4) z – zh                zh – z                c – ch           ch – c
         s – sh                sh – s
     (5) l – r                 r – l
```

2. 请边听边写出听到的声母。
   (1)   (2)   (3)   (4)   (5)   (6)

   (7)   (8)   (9)   (10)   (11)

(三) 舌尖前音、舌尖中音(r 除外)和舌面前音
1. 请跟读，注意区别 z、zh 和 j 三组近似发音。
```
     (1) j – q – x       q – j – x       x – j – q       x – q – j
     (2) z – j – zh      j – z – zh      zh – z – j      zh – j – z
     (3) c – q – ch      q – c – ch      ch – c – q      ch – q – c
     (4) s – x – sh      x – s – sh      sh – x – s      sh – s – x
```

2. 请边听边写出听到的声母。
   (1)   (2)   (3)   (4)   (5)   (6)

   (7)   (8)   (9)

(四) 舌根音、唇齿音和双唇音 p
1. 请跟读，注意区别 g 组、f 和 p 几个近似音。
```
     (1) g – k – h       k – h – g       h – g – k       h – k – g
     (2) f – h           h – f
     (3) p – h           h – p
     (4) g – h           k – g
```

2. 请边听边写出听到的声母。
   (1)   (2)   (3)   (4)   (5)

二、多音词 Polyphonic Words

（一）双音词

1. 请跟读，注意双音词的拼写规则和声调。

bāgǔ （八股）	pífá （疲乏）	mǎxì （马戏）
fādá （发达）	zájì （杂技）	cūbù （粗布）
sǎbō （撒播）	dībà （堤坝）	tǐgé （体格）
nǔlì （努力）	làbǐ （蜡笔）	zháhé （闸盒）
chīkǔ （吃苦）	shíqī （时期）	rèqì （热气）
jījí （积极）	qǐbù （起步）	xìjù （戏剧）
gāzhī （嘎吱）	kèbó （刻薄）	hégǔ （河谷）

2. 请边听边在横线上写出听到的声母。

（1）___é___ǔ　　（2）___ā___ǔ　　（3）___ū___ù

（4）___à___ǐ　　（5）___ī___í　　（6）___ǐ___ù

（7）___ì___ù　　（8）___í___á　　（9）___ǎ___ō

（10）___á___é　　（11）___ī___ǔ　　（12）___í___ī

（13）___ā___ī　　（14）___ǎ___ì　　（15）___ī___à

（16）___ǐ___é　　（17）___ǔ___ì　　（18）___è___ì

（19）___è___ó　　（20）___ā___á　　（21）___á___ì

3. 请边听边给拼音标出声调。

（1）hegu　　（2）bagu　　（3）cubu　　（4）labi

（5）jiji　　（6）qibu　　（7）xiju　　（8）pifa

(9) sabo　　（10）zhahe　　（11）chiku　　（12）shiqi

（13）gazhi　　（14）maxi　　（15）diba　　（16）tige

（17）nuli　　（18）reqi　　（19）kebo　　（20）fada

（21）zaji

4. 请边听边在横线上写出听到的声母,然后跟读。

(1) Shì ___ ízi (鼻子), bú shì ___ ízi (皮子);

　　Shì ___ ízi (皮子), bú shì ___ ízi (鼻子).

(2) Shì ___ ùzi (肚子), bú shì ___ ùzi (兔子);

　　Shì ___ ùzi (兔子), bú shì ___ ùzi (肚子).

(3) Shì ___ èrén (个人), bú shì ___ èrén (客人);

　　Shì ___ èrén (客人), bú shì ___ èrén (个人).

(4) Shì ___ ùshì (句式), bú shì ___ ùshì (去世);

　　Shì ___ ùshì (去世), bú shì ___ ùshì (句式).

(5) Shì ___ āzi (渣子), bú shì ___ āzi (叉子);

　　Shì ___ āzi (叉子), bú shì ___ āzi (渣子).

(6) Shì ___ìdiǎn（字典），bú shì ___ídiǎn（词典）；

　　Shì ___ídiǎn（词典），bú shì ___ìdiǎn（字典）.

5. 请边听边在横线上写出听到的声母，然后跟读。

(1) Shì ___í___én（奇人），bú shì ___í___én（词人）；

　　Shì ___í___én（词人），bú shì ___í___én（奇人）.

(2) Shì ___ī___én（诗人），bú shì ___ī___én（私人）；

　　Shì ___ī___én（私人），bú shì ___ī___én（诗人）.

(3) Shì ___ù___i（瓠子），bú shì ___ù___i（铺子）；

　　Shì ___ù___i（铺子），bú shì ___ù___i（瓠子）.

(4) Shì ___án ___ìng（南姓），bú shì ___án ___ìng（兰姓）；

　　Shì ___án ___ìng（兰姓），bú shì ___án ___ìng（南姓）.

(5) Shì ___ú___i（胡子），bú shì ___ù___i（裤子）；

　　Shì ___ù___i（裤子），bú shì ___ú___i（胡子）.

(二) 成语

1. 请边听边写出成语的声母，如 b-p-m-f，没有声母的音节用〇表示。

（1）　　　　（2）　　　　（3）　　　　（4）

（5）　　　　（6）　　　　（7）　　　　（8）

（9） （10） （11） （12）

（13） （14） （15） （16）

（17）

2. 请边听边给成语的拼音标出声调,然后跟读。

（1） ba miao zhu zhang　　（拔苗助长）

（2） cang long wo hu　　（藏龙卧虎）

（3） da xian shen shou　　（大显身手）

（4） fen miao bi zheng　　（分秒必争）

（5） ge shu ji jian　　（各抒己见）

（6） gu dao re chang　　（古道热肠）

（7） han liu jia bei　　（汗流浃背）

（8） jia lian wu mei　　（价廉物美）

（9） liang shi yi you　　（良师益友）

（10） miao shou hui chun　　（妙手回春）

（11） nu huo zhong shao　　（怒火中烧）

（12） qian bian wan hua　　（千变万化）

(13) ri jiu tian chang （日久天长）

(14) san si er xing （三思而行）

(15) tan hu se bian （谈虎色变）

(16) xiang zhi hen wan （相知恨晚）

(17) zai jie zai li （再接再厉）

三、句子 Sentences

请边听边在横线上写出听到的声母,然后跟读。

(1) Háizi yì chī _____ǎo, mǎshàng wǎng wài _____ǎo.

(2) Yì zhī _____ùzi zhèng èzhe _____ùzi zhǎo dōngxi chī ne.

(3) Tā shì _____uān _____uǎn jiàoyù zhè bǐ _____uān_____uǎn de.

(4) Tā hěn _____ēng_____ì, māma de _____ì_____ìng zěnme zhème bù hǎo.

(5) Wǒ yí _____ì kěyǐ xiě yìbǎi ge Hàn _____ì.

(6) Wǒ _____īdào tā měi cì _____ī duō_____ǎo.

(7) Zhè shì yì běn yǒu _____á_____ì zhàopiān de _____á_____ì.

(8) Zài _____í_____i biān shang yǒu yì gǎn _____í_____i.

(9) Jīntiān _____ūn_____uāng li de gūniangmen dōu chuānshangle _____ūn_____uāng.

(10) Tā shì zhè wèi _____ī_____én de _____ī_____én mìshū.

(11) Měi ge rén de _____ì_____iàng yào yóu _____ì_____ǐ zuòchū juédìng.

(12) Kā_____ēidòu de yánsè shì qiǎn_____ēisè de.

(13) Jīntiān de _____iǔ_____í yí gòng bǎile _____iǔ_____í zhuō.

四、顺口溜 Jingles

(一)《一个老人他姓祝》

1. 请先用横线标出顺口溜中的声母,然后边听边给顺口溜的拼音标出声调,最后跟读。

Yi ge laoren ta xing Zhu

You ge laoren ta xing Zhu,

Shang jie da cu you mai bu.

Ta dale cu, maile bu,

Lushang kanjian ying diao tu.

Fangxia cu, diule bu,

Mashang qu zhui ying he tu.

Feile ying, paole tu,

Diule bu, sale cu,

Man duzi yuanqu mei chu su.

2. 请边看汉字边跟读顺口溜,注意声调。

一个老人他姓祝

有个老人他姓祝,
上街打醋又买布。
他打了醋,买了布,
路上看见鹰叼兔。
放下醋,丢了布,
马上去追鹰和兔。
飞了鹰,跑了兔,
丢了布,洒了醋,
满肚子冤屈没处诉。

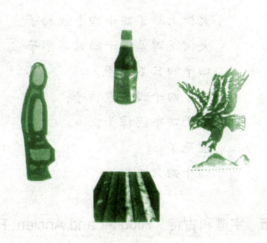

(二)《石狮子和涩柿子》

1. 请先用横线标出顺口溜中的单韵母,然后边听边给顺口溜的拼音标出声调,最后跟读。

Shi shizi he se shizi

Da shu shang jiele sishisi ge se shizi,

Da shu xia dunzhe sishisi zhi shi shizi;

Sishisi zhi shi shizi,

Chile sishisi ge se shizi;

Sishisi ge se shizi,

Sesile

Sishisi zhi shi shizi.

2. 请边看汉字边跟读顺口溜，注意声调。

石狮子和涩柿子

大树上结了四十四个涩柿子，
大树下蹲着四十四只石狮子；
四十四只石狮子，
吃了四十四个涩柿子；
四十四个涩柿子，
涩死了
四十四只石狮子。

五、字谜和古诗 Riddles and Ancient Poems

（一）字谜

1. 请边听边给字谜的拼音标出声调，并猜一猜。

    You jin cun lai.　　（dǎ yí zì）

汉字：又进村来。　　　　（打一字）

2. 下面哪个选项是谜底？

    A. 林 lín　B. 树 shù　C. 村 cūn

（二）古诗：《静夜思》

1. 请先用横线标出古诗中的声母，然后边听边给古诗的拼音标出声调，最后跟读。

Jing ye si (Li Bai)

Chuang qian ming yue guang,

Yi shi dishang shuang.

Ju tou wang ming yue,

Di tou si guxiang.

2. 请看着汉字读古诗,注意声调。

> **静夜思**(李白)
>
> 床前明月光,   床前洒满了明净洁白的月光,
> 疑是地上霜。   仿佛是地面铺上了一层霜。
> 举头望明月,   抬起头来望望明月,
> 低头思故乡。   低下头却思念久别的故乡。

课后自测题
After Class Self-test Exercises

一、单音词自测题 Exercises on Monosyllabic Words

(一)请边听边在单音词右边写出声母 Please listen and write down the initials on the right of each monosyllabic word

1. 把(　　)　　2. 葡(　　)　　3. 妈(　　)
4. 发(　　)　　5. 租(　　)　　6. 次(　　)
7. 司(　　)　　8. 打(　　)　　9. 图(　　)
10. 拿(　　)　　11. 离(　　)　　12. 这(　　)
13. 吃(　　)　　14. 师(　　)　　15. 如(　　)
16. 几(　　)　　17. 起(　　)　　18. 习(　　)
19. 哥(　　)　　20. 可(　　)　　21. 会(　　)

(二)请边听边在单音词上方标出声调 Please listen and mark the tones on the top of each monosyllabic word

1. 把　　2. 葡　　3. 妈　　4. 发　　5. 租　　6. 次

7. 司   8. 打   9. 图   10. 拿   11. 离   12. 这

13. 吃   14. 师   15. 如   16. 几   17. 起   18. 习

19. 哥   20. 可   21. 会

二、双音词自测题 Exercises on Disyllabic Words

（一）请边听边在双音词右边写出声母 Please listen and write down the initials on the right of each disyllabic word

1. 杂技（ ）（ ）　　2. 体格（ ）（ ）
3. 吃苦（ ）（ ）　　4. 起居（ ）（ ）
5. 疲乏（ ）（ ）　　6. 粗心（ ）（ ）
7. 努力（ ）（ ）　　8. 时间（ ）（ ）
9. 喜剧（ ）（ ）　　10. 马达（ ）（ ）
11. 广播（ ）（ ）　　12. 蜡笔（ ）（ ）
13. 热情（ ）（ ）　　14. 咖啡（ ）（ ）
15. 堤坝（ ）（ ）　　16. 闸盒（ ）（ ）
17. 集中（ ）（ ）　　18. 刻薄（ ）（ ）

（二）请边听边在双音词上方标出声调 Please listen and mark the tones on the top of each disyllabic word

1. 广播   2. 蜡笔   3. 热烈   4. 咖啡   5. 马达   6. 努力

7. 堤坝   8. 时期   9. 戏曲   10. 集中   11. 刻苦   12. 起床

13. 杂志   14. 体验   15. 疲乏   16. 吃苦   17. 粗心   18. 闸门

Dì-sān kè　Fùyùnmǔ
第三课　复韵母
Lesson Three　The Compound Finals

拼写规则提示：

1. ia、ie、iao 自成音节时，i 要写成读 i 的 y，如 yā(压)、yě(也)、yāo(腰)。

2. uo、uai 自成音节时，u 要写成读 u 的 w，如 wǒ(我)、wài(外)。

3. üe 自成音节时，在 ü 前加上读 ü 的 y，同时省略 ü 上的两点儿，如 yuē(约)；üe 前的声母如果是 j、q、x 时，也要省略 ü 上的两点儿，如 jué(决)、quē(缺)、xué(学)；üe 前的声母如果是 n、l 时，ü 上的两点儿不能省略，如 nüè(虐)、lüè(略)。

4. uei 自成音节时，u 要写成读 u 的 w，如 wēi(微)；uei 前有声母时，要省略中间的元音 e，声调要标在 i 上，如 shuǐ(水)。

5. iou 自成音节时，i 要写成读 i 的 y，如 yóu(由)；iou 前有声母时，要省略中间的元音 o，声调要标在 u 上，如 liú(留)。

汉语的 13 个复韵母及声调　The 13 Compound Finals and the Tones in Chinese

复韵母是由两个或三个元音音素结合在一起构成的，如"mǎi(买)"中的"ai"、"huái(怀)"中的"uai"。汉语的复韵母根据主要元音（发音清晰响亮的元音）在韵母中的不同位置，可以分为三类。

1. 前响二合元音韵母有 4 个：ai、ei、ao、ou
2. 后响二合元音韵母有 5 个：ia、ua、uo、ie、üe
3. 中响三合元音韵母有 4 个：uai、uei、iao、iou

（一）前响二合元音韵母：ai　ei　ao　ou

读这些复韵母音时，舌位都是由一个元音滑向另一个元音，滑动的趋向是由低到高"↑"。它们的不同是因为舌位的起点不同，唇形在舌位的滑动中不同造成的。声调要标在主要元音的上方。

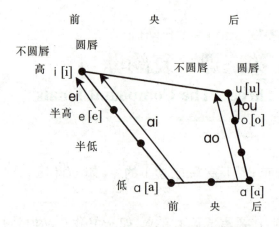

"ai、ei、ao、ou"的发音舌位图
Diagram illustrating the tongue position of "ai、ei、ao、ou"

1. ai [ai]

ai 是前响复韵母。

请跟读,注意声调:

āi （哀）	ǎi （矮）	ái （挨）	ài （爱）
bāi （掰）	bǎi （百）	bái （白）	bài （败）
pāi （拍）	pǎi	pái （排）	pài （派）

2. ei [ei]

ei 是前响复韵母。ai 跟 ei 的区别是:前者开口度大,后者开口度小。

请跟读,注意声调:

ēi	ěi	éi	èi
pēi （胚）	pěi	péi （陪）	pèi （配）
fēi （飞）	fěi （匪）	féi （肥）	fèi （费）

3. ao [au]

ao 是前响复韵母。

请跟读,注意声调:

| āo （凹） | ǎo （袄） | áo （翱） | ào （奥） |
| bāo （包） | bǎo （饱） | báo （薄） | bào （抱） |

| pāo（抛） | pǎo（跑） | páo（咆） | pào（炮） |

4. ou [ou]

ou 是前响复韵母。ao 跟 ou 的区别是：前者开口度大，后者开口度小。

请跟读，注意声调：

ōu（欧）	ǒu（藕）	óu	òu（沤）
dōu（都）	dǒu（抖）	dóu	dòu（豆）
tōu（偷）	tǒu	tóu（头）	tòu（透）

（二）后响二合元音韵母：ia ua uo ie üe

读这些复韵母音时，舌位都是由一个元音滑向另一个元音，滑动的趋向是由高到低"↓"。它们的不同是因为舌位的起点不同，唇形在舌位的滑动中不同造成的。

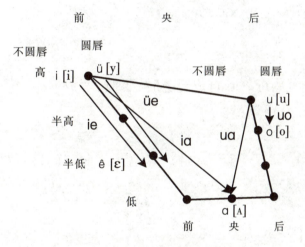

"ia、ua、uo、ie、üe" 的发音舌位图

Diagram illustrating the tongue position of "ia、ua、uo、ie、üe"

1. ia [iA]

ia 是后响复韵母。ia 自成音节时，要把 i 写成 y。

请跟读，注意声调：

yā（压）	yǎ（雅）	yá（牙）	yà（亚）
jiā（家）	jiǎ（贾）	jiá（颊）	jià（假）
qiā（掐）	qiǎ（卡）	qiá	qià（恰）

2. ua [uA]

ua 是后响复韵母。ia 跟 ua 的区别是：前者起音不圆唇，后者起音圆唇。ua 自成音节时，要把 u 写成 w。

请跟读，注意声调：

wā （挖）	wǎ（瓦）	wá （娃）	wà （袜）
kuā （夸）	kuǎ（垮）	kuá	kuà （跨）
huā （花）	huǎ	huá （华）	huà （话）

3. uo [uo]

uo 是后响复韵母。uo 自成音节时，要把 u 写成 w。

请跟读，注意声调：

wō （窝）	wǒ （我）	wó	wò （握）
cuō （搓）	cuǒ （脞）	cuó （痤）	cuò （错）
chuō（戳）	chuǒ	chuó	chuò （绰）

4. ie [iɛ]

ie 是后响复韵母。ie 自成音节时，要把 i 写成 y。

请跟读，注意声调：

yē （椰）	yě （野）	yé （爷）	yè （夜）
jiē （街）	jiě （姐）	jié （洁）	jiè （借）
qiē （切）	qiě （且）	qié （茄）	qiè （窃）

5. üe [yɛ]

üe 是后响复韵母。ie 和 üe 的区别是：前者起音不圆唇，后者起音圆唇。üe 自成音节时，要在 ü 前加上 y，同时省略 ü 上面的两点；声母是 j、q、x 时，也要省略 ü 上面的两点；声母是 n、l 时，保留 ü 上面的两点。

请跟读，注意声调：

yuē （约）	yuě	yué	yuè （月）
xuē （靴）	xuě （雪）	xué （学）	xuè （血）
nüē	nüě	nüé	nüè （疟）
lüē	lüě	lüé	lüè （略）

第三课 复韵母

（三）中响三合元音韵母：uai uei iao iou

读这些复韵母音时,舌位都是从第一个元音滑到第二个元音,再滑向第三个元音。滑动的趋向或从后高滑到前低,再滑向前高,如"↖ ↗";或从前高滑到后低,再滑向后高,如"↘ ↗"。它们的不同是因为舌位的起点和转折点不同,唇形在舌位的滑动中不同造成的。

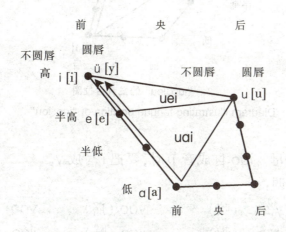

"uai、uei"的发音舌位图
Diagram illustrating tongue position of "uai、uei"

1. uai [uai]

uai 是中响复韵母。uai 自成音节时,要把 u 写成 w。
请跟读,注意声调：

wāi （歪）	wǎi （崴）	wái （𡵺）	wài （外）
zhuāi （拽）	zhuǎi （跩）	zhuái （𫽪）	zhuài （拽）
chuāi （揣）	chuǎi （揣）	chuái （𰷎）	chuài （踹）

2. uei [uei]

uei 是中响复韵母。uai 跟 uei 的区别是：前者转折时开口度大,后者转折时开口度小。uei 自成音节时,要把 u 写成 w;前边有声母时,uei 中的 e 要省略。
请跟读,注意声调：

wēi （威）	wěi （伪）	wéi （围）	wèi （为）
kuī （窥）	kuǐ （跬）	kuí （魁）	kuì （匮）
huī （灰）	huǐ （悔）	huí （回）	huì （会）

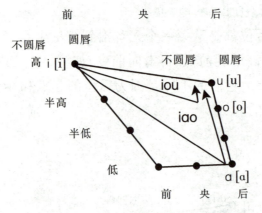

"iao、iou"的发音舌位图
Diagram illustrating tongue position of "iao、iou"

3. iao [iɑu]

iao 是中响复韵母。iao 自成音节时,要把 i 写成 y。

请跟读,注意声调:

yāo (腰)	yǎo (咬)	yáo (摇)	yào (要)
jiāo (交)	jiǎo (脚)	jiáo (嚼)	jiào (叫)
qiāo (悄)	qiǎo (巧)	qiáo (桥)	qiào (窍)

4. iou [iou]

iou 是中响复韵母。iao 跟 iou 的区别是:前者转折时开口度大,后者转折时开口度小。iou 自成音节时,要把 i 写成 y;前边有声母时,iou 中的 o 要省略。

请跟读,注意声调:

yōu (优)	yǒu (有)	yóu (游)	yòu (右)
liū (溜)	liǔ (柳)	liú (留)	liù (遛)
niū (妞)	niǔ (忸)	niú (牛)	niù (拗)

综合练习
Comprehensive Exercises

一、复韵母及声调 Compound Finals and Tones

(一) 复韵母

1. 请跟读,注意区别近似的复韵母。

   (1) ai – ei – ao – ou   ei – ou – ai – ao
       ao – ai – ou – ei   ou – ao – ei – ai

   (2) ia – ua – uo – ie – üe   ua – ia – ie – üe – uo
       uo – üe – ia – ua – ie   ie – uo – üe – ia – ua

   (3) uai – uei – iao – iou   uei – uai – iou – iao
       iao – iou – uai – uei   iou – iao – uei – uai

2. 请边听边写出听到的复韵母。

   (1)   (2)   (3)   (4)   (5)   (6)   (7)

   (8)   (9)   (10)   (11)   (12)   (13)

(二) 声调

1. 请跟读,注意区分四个声调。

   (1) āi – ái – ǎi – ài   ài – āi – ái – ǎi
   (2) ēi – éi – ěi – èi   éi – èi – ēi – ěi
   (3) āo – áo – ǎo – ào   ào – ǎo – áo – āo
   (4) ōu – óu – ǒu – òu   ǒu – óu – ōu – òu
   (5) yā – yá – yǎ – yà   yā – yà – yá – yǎ
   (6) wā – wá – wǎ – wà   wà – wá – wā – wǎ
   (7) wō – wó – wǒ – wò   wǒ – wó – wò – wō
   (8) yē – yé – yě – yè   yé – yē – yè – yě
   (9) yuē – yué – yuě – yuè   yuè – yuē – yuě – yué
   (10) wāi – wái – wǎi – wài   wǎi – wāi – wài – wái

(11) wēi – wéi – wěi – wèi　　　　wèi – wēi – wěi – wéi
(12) yāo – yáo – yǎo – yào　　　　yāo – yào – yáo – yǎo
(13) yōu – yóu – yǒu – yòu　　　　yóu – yōu – yòu – yǒu

2. 请边听边写出听到的复韵母并标上声调，注意拼写规则。

（1）　　　　（2）　　　　（3）　　　　（4）

（5）　　　　（6）　　　　（7）　　　　（8）

（9）　　　　（10）　　　　（11）　　　　（12）

（13）

3. 请边听边给拼音标出声调，注意拼写规则。

（1）hei　　（2）bai　　（3）hui　　（4）huai

（5）gou　　（6）guo　　（7）jie　　（8）jia

（9）hua　　（10）kao　　（11）jue　　（12）liu

（13）niao

4. 请边听边在横线上写出听到的复韵母并标上声调，然后跟读。

(1) Shì b___（白），bú shì h___（黑）；

　　　Shì h___（黑），bú shì b___（白）.

(2) Shì h___（好），bú shì h___（后）；

　　　Shì h___（后），bú shì h___（好）.

(3) Shì j___（家），bú shì j___（街）；

　　Shì j___（街），bú shì j___（家）．

(4) Shì g___（锅），bú shì g___（沟）；

　　Shì g___（沟），bú shì g___（锅）．

(5) Shì ___（鸭），bú shì ___（洼）；

　　Shì ___（洼），bú shì ___（鸭）．

(6) Shì ___（夜），bú shì ___（月）；

　　Shì ___（月），bú shì ___（夜）．

(7) Shì ___（药），bú shì ___（又）；

　　Shì ___（又），bú shì ___（药）．

(8) Shì h___（会），bú shì h___（坏）；

　　Shì h___（坏），bú shì h___（会）．

二、双音词　Disyllabic Words

1. 请跟读，注意近似的复韵母和声调。

kāicǎi	（开采）	pèibèi	（配备）	zǎocāo	（早操）
shōugòu	（收购）	tiēqiè	（贴切）	guà huā	（挂花）
kuòchuò	（阔绰）	juéjué	（决绝）	tiáoliào	（调料）
qiújiù	（求救）	shuāihuài	（摔坏）	zhuīsuí	（追随）
Xià jiā	（夏家）				

2. 请边听边在横线上写出听到的复韵母。

（1）q＿＿j＿＿　　（2）k＿＿ch＿＿　　（3）sh＿＿g＿＿

（4）k＿＿c＿＿　　（5）sh＿＿h＿＿　　（6）j＿＿j＿＿

（7）t＿＿q＿＿　　（8）p＿＿b＿＿　　（9）zh＿＿s＿＿

(10) t＿＿l＿＿

3. 请边听边给拼音标出声调。

（1）gua hua　　（2）zaocao　　（3）tiaoliao

（4）shuaihuai　　（5）juejue　　（6）tieqie

（7）peibei　　（8）qiujiu　　（9）kuochuo

(10) kaicai　　(11) shougou

三、句子 Sentences

请边听边在横线上写出听到的复韵母并标上声调，然后跟读。

(1) Wǒ jīntiān qù mǎi píx＿＿＿, bù mǎi píx＿＿＿.

(2) Míngtiān de k＿＿＿shì shì k＿＿＿shì háishi bǐshì?

(3) Gēge hé x＿＿＿m＿＿＿ yìqǐ qù gē x＿＿＿m＿＿＿.

(4) Zuótiān t＿＿＿x＿＿＿ wánjù de rén t＿＿＿x＿＿＿ le.

(5) X＿＿＿x＿＿＿ yòu mǎile yí shù x＿＿＿h＿＿＿.

(6) Gāngcái g_____qu de shì yì zhī g_____.

(7) W_____bian de _____qiáng d_____shì báisè de.

(8) Tā b_____tiān mǎi de táozi, wǎnshang dōu h_____ le.

四、顺口溜 Jingles

（一）《大贝和小贝》

1. 请先用横线标出顺口溜中的复韵母,然后边听边给顺口溜的拼音标出声调,最后跟读。

Dabei he Xiaobei

Dabei he Xiaobei,

Liang ren qu shou mai.

Dabei bang Xiaobei ge damai,

Xiaobei bang Dabei tiao xiaomai.

Liang ren shouwan mai,

Yiqi qu da mai.

Dabei da xiaomai,

Xiaobei da damai.

Tamen duidai mei ke mai,

Quan dou chongmanle ai.

2. 请边看汉字边跟读顺口溜,注意声调。

大贝和小贝

大贝和小贝,
两人去收麦。
大贝帮小贝割大麦,
小贝帮大贝挑小麦。
两人收完麦,
一起去打麦。
大贝打小麦,
小贝打大麦。
他们对待每颗麦,
全都充满了爱。

(二)《娇娇、巧巧和萧萧》

1. 请先用横线标出顺口溜中的复韵母,然后边听边给顺口溜的拼音标出声调,最后跟读。

Jiaojiao、Qiaoqiao he Xiaoxiao

Jiaojiao guo qiao zhao Qiaoqiao,

Qiaoqiao guo qiao zhao Xiaoxiao.

Xiaoxiao qiao shang yu Jiaojiao,

Jiaojiao qiao shang yu Qiaoqiao,

Qiaoqiao qiao shang yu Xiaoxiao.

San ren you shuo you shi xiao,

Yiqi qu kan xin saosao.

2. 请边看汉字边跟读顺口溜,注意声调。

娇娇、巧巧和萧萧

娇娇过桥找巧巧,
巧巧过桥找萧萧。
萧萧桥上遇娇娇,
娇娇桥上遇巧巧,
巧巧桥上遇萧萧。
三人又说又是笑,
一起去看新嫂嫂。

五、字谜和古诗 Riddles and Ancient Poems

(一) 字谜

1. 请边听边给字谜的拼音标出声调,并猜一猜。

　　Cong xiao dao da. (dǎ yí zì)

汉字:从小到大。　　　　(打一字)

2. 下面哪个选项是谜底?
　　A. 奇 qí　B. 尖 jiān　C. 天 tiān

(二) 古诗:《山行》

1. 请先用横线标出古诗中的复韵母,然后边听边给古诗的拼音标出声调,最后跟读。

　　Shan xing (Du Mu)

Yuan shang han shan shi jing xia,

Bai yun sheng chu you renjia.

Ting che zuo ai feng lin wan,

Shuang ye hong yu er yue hua.

2. 请看着汉字读古诗,注意声调。

山　行 (杜牧)

远上寒山石径斜,　　　远望深秋的寒山,小路曲曲弯弯,
白云生处有人家。　　　白云升腾的地方,隐约可以看见人烟。
停车坐爱枫林晚,　　　傍晚的枫林美景让我停车欣赏,
霜叶红于二月花。　　　经霜打过的枫叶比二月花还要鲜艳。

课后自测题
After Class Self-test Exercises

一、单音词自测题　Exercises on Monosyllabic Words

(一) 请边听边在单音词右边写出复韵母　Please listen and write down the compound finals on the right of each monosyllabic word

1. 白（　）　　2. 家（　）　　3. 姐（　）
4. 回（　）　　5. 飞（　）　　6. 花（　）
7. 学（　）　　8. 要（　）　　9. 毛（　）
10. 错（　）　　11. 外（　）　　12. 留（　）
13. 头（　）

(二) 请边听边在单音词上方标出声调　Please listen and mark the tones on the top of each monosyllabic word

1. 白　2. 飞　3. 毛　4. 要　5. 家　6. 错　7. 头

8. 姐　9. 外　10. 学　11. 花　12. 会　13. 留

二、双音词自测题　Exercises on Disyllabic Words

(一) 请边听边在双音词右边写出复韵母　Please listen and write down the compound finals on the right of each disyllabic word

1. 开头（　）（　）　　2. 早飞（　）（　）
3. 昨夜（　）（　）　　4. 外围（　）（　）
5. 收买（　）（　）　　6. 牙花（　）（　）
7. 约会（　）（　）　　8. 料酒（　）（　）
9. 采花（　）（　）　　10. 配角（　）（　）
11. 牦牛（　）（　）　　12. 假冒（　）（　）
13. 追究（　）（　）

(二) 请边听边在双音词上方标出声调　Please listen and mark the tones on the top of each disyllabic word

1. 开头　　2. 早操　　3. 昨夜　　4. 外围　　5. 收买　　6. 牙齿

7. 约会　　8. 料酒　　9. 采花　　10. 配角　　11. 牦牛　　12. 假冒

13. 追查

Dì-sì kè　　Bíyùnmǔ
第四课　鼻韵母
Lesson Four　The Nasal Finals

拼写规则提示：

1. ian、iang 自成音节时，i 要写成读 i 的 y，如 yán(盐)、yáng(羊)。

2. uan、uang 自成音节时，u 要写成读 u 的 w，如 wán(完)、Wáng(王)。

3. üan、ün 自成音节时，要在 ü 前加 y，同时省略 ü 上面的两点儿，省略两点的 u 仍读 ü，如 yuán(元)、yún(云)。üan、ün 前面的声母如果是 j、q、x 时，ü 上的两点要省略，如 juǎn(卷)、jūn(军)。

4. in、ing 自成音节时，i 前要加 y，同时把 i 上的点儿换成声调符号，如 yīn(音)、yīng(英)。

5. uen、ueng 自成音节时，u 要写成读 u 的 w，如 wūn(温)、wēng(翁)。如果 uen 前有声母时，中间的 e 要省略，如 lùn(论)。

6. 句子开头的第一个字母要大写。同一个词的音节连写，词与词分写。如：Wǒ shì liúxuéshēng。(我是留学生。)

7. 轻声音节不标声调。

汉语的 16 个鼻韵母及声调　The 16 Nasal Finals and the Tones in Chinese

鼻韵母是由元音和做韵尾的鼻辅音 -n 或 -ng 构成的，如"bàn(办)"中的"an"、"bàng(棒)"中的"ang"。汉语的鼻韵母根据鼻辅音 -n 或 -ng 发音部位的不同可以分为两类。

1. 前鼻韵母(-n)有 8 个：an、ian、uan、üan、en、in、uen、ün
2. 后鼻韵母(-ng)有 8 个：ang、iang、uang、eng、ing、ueng、ong、iong

(一) 前鼻韵母：an　ian　uan　üan　en　in　uen　ün

普通话的前鼻韵母都是由元音跟 -n[n]构成的。前鼻韵母中的鼻辅音 -n 跟声母 n 的发音相近,不同的是,前者除阻阶段不发音,后者除阻阶段要发音。

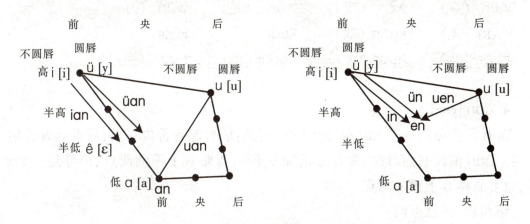

前鼻韵母的发音舌位图
Diagram illustrating the tongue position of the front nasal finals

1. an [an]

an 是前鼻韵母。

请跟读,注意声调:

ān (安)	ǎn (俺)	án	àn (岸)
zān (糌)	zǎn (攒)	zán (咱)	zàn (赞)
cān (餐)	cǎn (惨)	cán (蚕)	càn (灿)

2. ian [iɛn]

ian 是前鼻韵母。ian 前没有声母时,i 要写成 y。

请跟读,注意声调:

yān (烟)	yǎn (眼)	yán (盐)	yàn (宴)
diān (掂)	diǎn (点)	dián	diàn (淀)
tiān (天)	tiǎn (舔)	tián (田)	tiàn (掭)

3. uan [uan]

uan 是前鼻韵母。ian 跟 uan 的区别是:前者起音不圆唇,后者起音圆唇。uan 前没有声母时,u 要写成 w。

请跟读,注意声调:

wān (弯)	wǎn (晚)	wán (完)	wàn (万)
kuān (宽)	kuǎn (款)	kuán	kuàn
huān (欢)	huǎn (缓)	huán (环)	huàn (换)

4. üan [yɛn]

üan 是前鼻韵母。üan 跟 uan 的区别是:前者起音舌位在前,后者起音舌位在后。üan 前没有声母时,要在 ü 前加 y,同时省略 ü 上面的两点;声母是 j、q、x 时,也要省略 ü 上面的两点。

请跟读,注意声调:

yuān (冤)	yuǎn (远)	yuán (圆)	yuàn (院)
quān (圈)	quǎn (犬)	quán (全)	quàn (劝)
xuān (宣)	xuǎn (选)	xuán (旋)	xuàn (炫)

5. en [ən]

en 是前鼻韵母。

请跟读,注意声调:

ēn (恩)	ěn	én	èn (摁)
fēn (分)	fěn (粉)	fén (焚)	fèn (份)
pēn (喷)	pěn	pén (盆)	pèn (喷)

6. in [in]

in 是前鼻韵母。in 前没有声母时,i 前要加 y。

请跟读,注意声调:

yīn (音)	yǐn (饮)	yín (银)	yìn (印)
bīn (滨)	bǐn	bín	bìn (殡)
pīn (拼)	pǐn (品)	pín (频)	pìn (聘)

7. uen [uən]

uen 是前鼻韵母。uen 前没有声母时,u 要写成 w;前边有声母时,uen 中的 e 要省略。

第四课　鼻韵母

请跟读，注意声调：

| wēn （温） | wěn （吻） | wén （闻） | wèn （问） |
| lūn （抡） | lǔn | lún （轮） | lùn （论） |

8. ün [yn]

ün 是前鼻韵母。in 跟 ün 的区别是：前者起音不圆唇，后者起音圆唇。ün 自成音节时，在 ü 前加 y，同时省略 ü 上面的两点；声母是 j、q、x 时，也要省略 ü 上面的两点。

请跟读，注意声调：

yūn （晕）	yǔn （允）	yún （云）	yùn （运）
qūn （囷）	qǔn	qún （群）	qùn
xūn （熏）	xǔn	xún （寻）	xùn （训）

（二）后鼻韵母：ang iang uang eng ing ueng ong iong

普通话里的后鼻韵母都是由元音跟 -ng [ŋ] 构成的。后鼻韵母中的辅音 -ng [ŋ] 只做韵尾，不做声母。

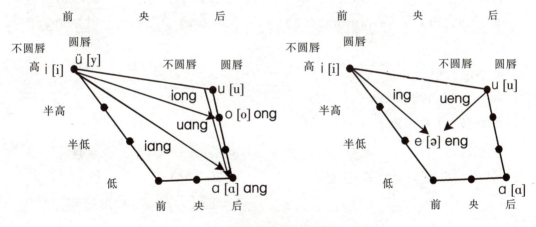

后鼻韵母的发音舌位图

Diagram illustrating the tongue position of the back nasal finals

1. ang [ɑŋ]

ang 是后鼻韵母。

请跟读，注意声调：

āng（肮）	ǎng	áng（昂）	àng（盎）
bāng（帮）	bǎng（榜）	báng	bàng（棒）
pāng（乓）	pǎng（耪）	páng（旁）	pàng（胖）

2. iang [iaŋ]

iang 是后鼻韵母。iang 前没有声母时，i 要写成 y。

请跟读，注意声调：

yāng（央）	yǎng（养）	yáng（羊）	yàng（样）
jiāng（将）	jiǎng（蒋）	jiáng	jiàng（将）
qiāng（枪）	qiǎng（抢）	qiáng（墙）	qiàng（呛）

3. uang [uaŋ]

uang 是后鼻韵母。iang 跟 uang 的区别是：前者起音不圆唇，后者起音圆唇。uang 前没有声母时，u 要写成 w。

请跟读，注意声调：

wāng（汪）	wǎng（网）	wáng（王）	wàng（忘）
zhuāng（装）	zhuǎng（奘）	zhuáng	zhuàng（撞）
chuāng（窗）	chuǎng（闯）	chuáng（床）	chuàng（创）

4. eng [əŋ]

eng 是后鼻韵母。

请跟读，注意声调：

ēng（鞥）	ěng	éng	èng
lēng	lěng（冷）	léng（棱）	lèng（愣）
rēng（扔）	rěng	réng（仍）	rèng

5. ing [iŋ]

ing 是后鼻韵母。ing 前没有声母时，i 前要加 y。

请跟读，注意声调：

yīng（英）	yǐng（影）	yíng（迎）	yìng（硬）
jīng（京）	jǐng（景）	jíng	jìng（竟）
qīng（青）	qǐng（请）	qíng（晴）	qìng（庆）

6. ueng [uəŋ]

ueng 是后鼻韵母。ing 跟 ueng 的区别是：前者起音不圆唇，后者起音圆唇。ueng 前没有声母时，u 要写成 w。

请跟读，注意声调：

| wēng（翁） | wěng（蓊） | wéng | wèng（瓮） |

7. ong [uŋ]

ong 是后圆唇鼻韵母。

请跟读，注意声调：

ōng	ǒng	óng	òng
dōng（冬）	dǒng（懂）	dóng	dòng（动）
tōng（通）	tǒng（统）	tóng（同）	tòng（痛）

8. iong [yŋ]

iong 是后鼻韵母。iong 前没有声母时，i 要写成 y。

请跟读，注意声调：

yōng（拥）	yǒng（永）	yóng（喁）	yòng（用）
jiōng（坰）	jiǒng（炯）	jióng	jiòng
xiōng（兄）	xiǒng	xióng（熊）	xiòng（诇）

综合练习
Comprehensive Exercises

一、鼻韵母及声调 Nasal Finals and Tones

(一) 鼻韵母

1. 请跟读，注意区别近似的鼻韵母。

(1) an – ian – uan – üan　　　ian – an – üan – uan
　　uan – üan – an – ian　　　üan – uan – ian – an

(2) en – in – uen – ün　　　in – en – ün – uen
　　uen – ün – en – in　　　ün – uen – in – en

（3）an – en　　　　en – an　　　　ian – in　　in – ian
（4）uan – uen　　　uen – uan　　　üan – ün　　ün – üan
（5）ang – iang – uang　　iang – uang – ang　　uang – ang – iang
（6）eng – ing – ueng　　ing – ueng – eng　　ueng – eng – ing
（7）ang – eng　　eng – ang　　iang – ing　　ing – iang
（8）uang – ueng　　ueng – uang　　ong – iong　　iong – ong
（9）ueng – iong　　iong – ueng
（10）an – ang　　ang – an　　ian – iang　　iang – ian
（11）uan – uang　　uang – uan　　en – eng　　eng – en
（12）in – ing　　ing – in　　uen – ueng　　ueng – uen
（13）ün – iong　　iong – ün

2. 请边听边写出听到的鼻韵母。

（1）　　　（2）　　　（3）　　　（4）　　　（5）

（6）　　　（7）　　　（8）　　　（9）　　　（10）

（11）　　　（12）　　　（13）　　　（14）　　　（15）

（16）

3. 请边听边在横线上写出听到的鼻韵母并标上声调, 然后跟读。

(1) Shì b_____（半）, bú shì b_____（笨）;
　　Shì b_____（笨）, bú shì b_____（半）.

(2) Shì q_____（前）, bú shì q_____（秦）;
　　Shì q_____（秦）, bú shì q_____（前）.

(3) Shì _____（晚）, bú shì _____（吻）;
　　Shì _____（吻）, bú shì _____（晚）.

(4) Shì _____（院）, bú shì _____（运）;
　　Shì _____（运）, bú shì _____（院）.

(5) Shì p_____（胖），bú shì p_____（碰）；
　　Shì p_____（碰），bú shì p_____（胖）.
(6) Shì l_____（两），bú shì l_____（领）；
　　Shì l_____（领），bú shì l_____（两）.
(7) Shì _____（望），bú shì _____（瓮）；
　　Shì _____（瓮），bú shì _____（望）.
(8) Shì t_____（同），bú shì q_____（穷）；
　　Shì q_____（穷），bú shì t_____（同）.

（二）声调

1. 请跟读，注意区别四个声调。

(1) ān – án – ǎn – àn　　　　yán – yān – yàn – yǎn
(2) wǎn – wān – wàn – wán　　yuàn – yuán – yuān – yuǎn
(3) ēn – én – ěn – èn　　　　yǐn – yìn – yín – yīn
(4) wén – wèn – wēn – wěn　　yùn – yǔn – yūn – yún
(5) àng – ǎng – áng – āng　　yáng – yàng – yǎng – yāng
(6) wáng – wàng – wǎng – wāng　ěng – èng – ēng – éng
(7) yīng – yìng – yǐng – yíng　wèng – wéng – wēng – wěng
(8) òng – ōng – óng – ǒng　　yōng – yòng – yǒng – yóng

2. 请边听边在鼻韵母上方标出听到的声调。

(1) yong　　(2) ying　　(3) ang　　(4) wan　　(5) weng

(6) an　　(7) yan　　(8) eng　　(9) wen　　(10) yuan

(11) yang　(12) en　　(13) yong　(14) wang　(15) yun

二、双音词　Disyllabic Words

1. 请跟读，注意区别近似的鼻韵母和声调。

hànshān　（汗衫）　　qiánxiàn（前线）　　zhuǎn nuǎn（转暖）
xuányuǎn（玄远）　　gēnběn　（根本）　　bīnlín　　（濒临）

chūnsǔn （春笋）	jūnxùn （军训）	bāng máng（帮忙）
xiǎngxiàng（想像）	zhuàngkuàng（状况）	zhěng fēng（整风）
bìngqíng （病情）	cóngróng （从容）	jiǒngjiǒng （炯炯）

2. 请边听边在横线上写出听到的鼻韵母。

（1）b____ q____　　　（2）x____ x____　　　（3）ch____ s____

（4）x____ ____　　　（5）h____ sh____　　　（6）c____ r____

（7）zh____ k____　　　（8）j____ x____　　　（9）g____ b____

（10）q____ x____　　　（11）j____ j____　　　（12）zh____ f____

（13）b____ m____　　　（14）b____ l____　　　（15）zh____ n____

3. 请边听边在鼻韵母上方标出听到的声调。

（1）congrong　　　（2）zhuangkuang　　　（3）junxun

（4）genben　　　（5）qianxian　　　（6）jiongjiong

（7）zheng feng　　　（8）bang mang　　　（9）binlin

（10）hanshan　　　（11）zhuan nuan　　　（12）bingqing

（13）xiangxiang　　　（14）chunsun　　　（15）xuanyuan

三、句子 Sentences

请边听边在横线上写出听到的鼻韵母并标上声调，然后跟读。

（1）Wǒ jīntiān yīkǒuqì xiěle shí h_____ H_____ zì.

(2) Tā l_____ tàijíquán de_____zi hěn rènzhēn.

(3) Xiǎo _____ gōngzuò hěn máng, měi tiān hěn_____cái huí jiā.

(4) _____ _____de tiānshang piāozhe yì duǒ bái_____.

(5) Bàba d_____háizi ch_____wán gē cái zǒu.

(6) Péngyou shuō_____yǔ de shēng_____hěn hǎotīng.

(7) Nà zhī_____ shì X_____ māma jiā de bǎobèi.

(8) Dàjiā jīntiān wǎnshang dōu t_____de h_____kāixīn.

四、顺口溜 Jingles

（一）《小方和小黄》

1. 请先用横线标出顺口溜中的鼻韵母,然后边听边给顺口溜的拼音标出声调,最后跟读。

Xiao Fang he Xiao Huang

Xiao Fang he Xiao Huang,

Yikuair hua fenghuang.

Xiao Fang hua huang fenghuang,

Xiao Huang hua hong fenghuang.

Huang fenghuang he hong fenghuang,

Hua de zhen xiang huo fenghuang,

Wangzhe Xiao Fang he Xiao Huang.

2. 请边看汉字边跟读顺口溜,注意声调。

小方和小黄

小方和小黄,
一块儿画凤凰。
小方画黄凤凰,
小黄画红凤凰。
黄凤凰和红凤凰,
画得真像活凤凰,
望着小方和小黄。

(二)《船和床》

1. 请先用横线标出顺口溜中的鼻韵母,然后边听边给顺口溜的拼音标出声调,最后跟读。

Chuan he chuang

Wo shuo chuan bi chuang chang,

Ta shuo chuang bi chuan chang;

Wo shuo chuang bu bi chuan chang,

Ta shuo chuan bu bi chuang chang.

Jiejie shuo chuan he chuang yiyang chang.

2. 请边看汉字边跟读顺口溜,注意声调。

船和床

我说船比床长,

第四课 鼻韵母

他说床比船长;
我说床不比船长,
他说船不比床长。
姐姐说船和床一样长。

五、谜语和古诗 Riddles and Ancient Poems

(一) 字谜

1. 请边听边给字谜的拼音标出声调,并猜一猜。

　　Ba jiu bu li shi.　　　　(dǎ yí zì)

汉字: 八九不离十。　　　　(打一字)

2. 下面哪个选项是谜底?
　　A. 杂 zá　B. 朵 duǒ　C. 染 rǎn

(二) 谜语

1. 请边听边给谜语的拼音标出声调,并猜一猜。

　　Shen chuan lü yishang,
　　Du li shuiwangwang,
　　Sheng de zi er duo,
　　Ge ge hei liantang. (dǎ yì zhǒng shuǐguǒ)

汉字: 身穿绿衣裳,
　　　　肚里水汪汪,
　　　　生的籽儿多,
　　　　个个黑脸膛。　　　(打一种水果)

2. 下面哪个选项是谜底?
　　A. 苹果 píngguǒ　B. 桃 táo　C. 西瓜 xīguā

(三) 古诗一：《送元二使安西》

1. 请先用横线标出古诗中的鼻韵母，然后边听边给古诗的拼音标出声调，最后跟读。

Song Yuan'er shi Anxi (Wang Wei)

Weicheng zhao yu yi qing chen,

Ke she qingqing liu se xin.

Quan jun geng jin yi bei jiu,

Xi chu Yangguan wu guren.

2. 请看着汉字读古诗，注意声调。

送元二使安西（王维）

渭城朝雨浥轻尘， 渭城的清晨下了一场小雨，打湿了地面上的尘土，
客舍青青柳色新。 旅店旁边柳树新生的枝叶，在雨后更加青翠。
劝君更尽一杯酒， 我劝你再喝一杯酒吧，
西出阳关无故人。 往西走，出了阳关，你就再也见不到老朋友了。

(四) 古诗二：《饮湖上初晴后雨》

1. 请先用横线标出古诗中的鼻韵母，然后边听边给古诗的拼音标出声调，最后跟读。

Yin hu shang chu qing hou yu (Su Shi)

Shui guang lianyan qing fang hao,

Shan se kongmeng yu yi qi.

Yu ba Xihu bi Xizi,

Danzhuang nong mo zong xiangyi.

2. 请看着汉字读古诗，注意声调。

饮湖上初晴后雨（苏轼）

水光潋滟晴方好，　　晴天的西湖波光闪动，景色秀丽，
山色空濛雨亦奇。　　雨中的西湖云雾迷茫，景色奇妙。
欲把西湖比西子，　　如果把西湖比作美女西施，
淡妆浓抹总相宜。　　无论怎么打扮都是美丽动人的。

课后自测题
After Class Self-test Exercises

一、单音词自测题 Exercises on Monosyllabic Words

（一）请边听边在单音词右边写出鼻韵母 Please listen and write down the nasal finals on the right of each monosyllabic word

1. 安（　） 2. 分（　） 3. 旁（　）
4. 请（　） 5. 天（　） 6. 银（　）
7. 羊（　） 8. 翁（　） 9. 欢（　）
10. 温（　） 11. 窗（　） 12. 同（　）
13. 选（　） 14. 远（　） 15. 冷（　）
16. 拥（　）

（二）请边听边在单音词上方标出声调 Please listen and mark the tones on the top of each monosyllabic word

1. 选　　2. 欢　　3. 田　　4. 分　　5. 圆　　6. 温

7. 痛　　8. 请　　9. 安　　10. 羊　　11. 远　　12. 拥

13. 翁　　14. 运　　15. 旁　　16. 信

二、双音词自测题 Exercises on Disyllabic Words

（一）请边听边在双音词右边写出鼻韵母 Please listen and write down the nasal finals on the right of each disyllabic word

1. 半天（　）（　）　　　2. 明年（　）（　）
3. 梦想（　）（　）　　　4. 原因（　）（　）
5. 本性（　）（　）　　　6. 文盲（　）（　）
7. 云烟（　）（　）　　　8. 望风（　）（　）
9. 瓮城（　）（　）　　　10. 胸腔（　）（　）
11. 空闲（　）（　）　　　12. 龙船（　）（　）
13. 战乱（　）（　）　　　14. 万全（　）（　）
15. 山林（　）（　）　　　16. 定准（　）（　）

（二）请边听边在双音词上方标出声调 Please listen and mark the tones on the top of each disyllabic word

1. 半天　　2. 本性　　3. 瓮城　　4. 战争

5. 明天　　6. 梦想　　7. 原因　　8. 文化

9. 云朵　　10. 望风　　11. 胸腔　　12. 空闲

13. 龙船　　14. 山林　　15. 完全　　16. 定准

Dì-wǔ kè　　Biàndiào

第五课　变调
Lesson Five　The Changes of Tones

　　汉语的每个字都有声调。一个字的声调,在单独念时都是固定的。但是有些字在双音词、多音词里,声调就变得跟原来单独念时不一样,声调的这种变化叫做变调。例如:"měi(美)"单独念时,是第三声(ˇ);但在"hǎo(好)"的前面就读"méi",是第二声,书写时,还应该写成第三声。

一、第三声的变调　The Changes of the 3rd Tone

（一）第三声在非第三声前读低调(214→211)

请跟读:

shǒudū （首都）	bǎowēn （保温）	běnshēn （本身）
bǔzhuō （捕捉）	bǔchōng （补充）	dǎoshī （导师）
gǎnjī （感激）	hǎiguān （海关）	lǎoshī （老师）
wǎncān （晚餐）	yǔyīn （语音）	zhěngtiān （整天）
bǎochí （保持）	biǎodá （表达）	cǎoyuán （草原）
dǎoyóu （导游）	diǎnmíng （点名）	gǎnmáng （赶忙）
guǒrán （果然）	jiějué （解决）	jǐngchá （警察）
lǎngdú （朗读）	lǚyóu （旅游）	shuǐpíng （水平）
bǐsài （比赛）	dǎsuàn （打算）	duǎnzàn （短暂）
fǎlǜ （法律）	fǎnfù （反复）	gǎijìn （改进）
gǎnmào （感冒）	gǎnxiè （感谢）	gǔjì （古迹）
jiǎnghuà （讲话）	jiǔdiàn （酒店）	kǒngpà （恐怕）

汉语语音教程·基础篇

练习 1
Exercises 1

1. 请跟读,注意第三声的变调。

（1）shǒudū （首都）　（2）guǒrán （果然）　（3）dǎsuàn （打算）

（4）kǒngpà （恐怕）　（5）jǐngchá （警察）　（6）wǎncān （晚餐）

（7）cǎoyuán （草原）　（8）bǐsài （比赛）　（9）zhěng tiān （整天）

（10）jiǔdiàn （酒店）　（11）jiějué （解决）

2. 请边听边标出听到的声调,注意第三声要用"ˇ"符号。

（1）jiudian　（2）jingcha　（3）wancan　（4）kongpa

（5）caoyuan　（6）bisai　（7）zheng tian　（8）shoudu

（9）dasuan　（10）guoran

（二）第三声在第三声前读升调

1. 两个第三声相连,前一个第三声要念成第二声(214→35)。

请跟读：

měimǎn （美满）	gǔwǔ （鼓舞）	zhǐdǎo （指导）
bǎbǐng （把柄）	kěxǐ （可喜）	bǎoxiǎn （保险）
cǎiqǔ （采取）	chǎnpǐn （产品）	dǎrǎo （打扰）
diǎnhuǒ （点火）	gǎnjǐn （赶紧）	hǎojiǔ （好久）
lěngyǐn （冷饮）	lǎobǎn （老板）	shǒubiǎo （手表）
shuǐguǒ （水果）	yǔfǎ （语法）	liǎojiě （了解）

2. 三个第三声相连，前两个第三声都要念第二声(214→35)。
请跟读：

xǐliǎnshuǐ　　（洗脸水）　　　zhǎnlǎnguǎn　（展览馆）

guǎnlǐzǔ　　　（管理组）　　　bǎoguǎn hǎo　（保管好）

xiǎozǔzhǎng　（小组长）

3. 三个以上的第三声相连，以词为单位按两个第三声或三个第三声变调。
请跟读：

（1）wǔ wǎn hǎo jǐngshuǐ　　　　（五碗好井水）

（2）wǒ mǎi xiǎomǐ　　　　　　　（我买小米）

（3）yǒngyuǎn yǒuhǎo　　　　　　（永远友好）

（4）wǒ yǒu wǔbǎi pǐ hǎo mǔ mǎ　（我有五百匹好母马）

练习 2
Exercises 2

1. 请跟读，注意第三声的变调。

（1）lěngyǐn　　（冷饮）　　　（2）zhǎnlǎnguǎn　（展览馆）

（3）shǒubiǎo　（手表）　　　（4）xiǎo lǎoshǔ　（小老鼠）

（5）lǎobǎn　　（老板）　　　（6）xiǎo lǎohǔ　 （小老虎）

（7）yǒngyuǎn yǒuhǎo　　　　（永远友好）

（8）wǔ wǎn hǎo jǐngshuǐ　　　（五碗好井水）

（9）xiǎng mǎi shuǐguǒ　　　　（想买水果）

(10) dǎrǎo lǎo lǐngdǎo hǎo jiǔ, gǎnjǐn mǎi diǎn lěngyǐn

（打扰老领导好久，赶紧买点冷饮）

2. 请边听边给拼音标出声调，注意第三声要用"ˇ"符号。

（1）laoban　（2）zhanlanguan　（3）shoubiao　（4）xiao laohu

（5）lengyin　（6）xiao laoshu　（7）yongyuan youhao

（8）wu wan hao jingshui

二、第四声的变调　The Change of the 4th Tone

第四声只有在第四声前才会变调。两个第四声相连，前边的第四声要念成半四（51→53）。

请跟读：

bàoqiàn （抱歉）	bànlù （半路）	biànhuà （变化）
bùzhì （布置）	dàdì （大地）	dàliàng （大量）
dàshà （大厦）	dàijià （代价）	dàoqiàn （道歉）
diànhuà （电话）	duànliàn （锻炼）	fàngqì （放弃）

练习 3
Exercises 3

请边听边写出听到的音节，注意第四声。

（1）　　（2）　　（3）　　（4）　　（5）

（6）　　（7）　　（8）　　（9）

三、"一"的变调　The Tone Changes of "一"

(一) "一"读第一声的情况

"一"单用,或在词句末尾,或在序数词中,都读第一声"yī"。

请跟读:

| yī (一) | shíyī (十一) | dì-yī (第一) |

(二) "一"读轻声的情况

"一"在重叠动词中间,读轻声"yi",不标调。

请跟读:

pèng yi pèng (碰一碰)　　kàn yi kàn (看一看)

jiào yi jiào (叫一叫)　　xiǎng yi xiǎng (想一想)

(三) "一"读第二声的情况

"一"在第四声前,读第二声"yí",书写时可以写成原调的第一声,也可以写成变调后的第二声。

请跟读:

yízhì (一致)　　yíqiè (一切)　　yílǜ (一律)

yídìng (一定)　　yíyàng (一样)　　yí biàn (一遍)

yí cì (一次)　　yí piàn (一片)　　yíbàn (一半)

yíbìng (一并)　　yígòng (一共)　　yí rì (一日)

(四) "一"读第四声的情况

1. "一"在第一、第二和第三声前,读第四声"yì",书写时可以写成原调的第一声,也可以写成变调后的第四声。

请跟读:

yìbān (一般)　　yì bāo (一包)　　yìfā (一发)

yìjīng (一经)　　yìshēn (一身)　　yìsī (一丝)

yì tiān (一天)　　yìxīn (一心)　　yì zhēn (一针)

yìzhāo （一朝）	yì zhī （一只）	yì fān （一番）
yì cháng（一场）	yìlián （一连）	yì máo （一毛）
yìqí （一齐）	yìshí （一时）	yì tiáo （一条）
yìtóng （一同）	yìtóu （一头）	yìxíng （一行）
yì yuán （一元）	yìzhí （一直）	yì nián （一年）
yì bǎ （一把）	yì běn （一本）	yì bǐ （一笔）
yì kǒu （一口）	yìhuǎng （一晃）	yìjǔ （一举）
yìlǎn （一览）	yìshǒu （一手）	yìtǐ （一体）
yìtǒng （一统）	yìwǎng （一网）	

练习 4
Exercises 4

请边听边写出听到的音节,注意"一"的变调。
（1） （2） （3） （4） （5） （6） （7）

（8） （9） （10） （11） （12） （13）

四、"不"的变调　The Tone Changes of "不"

（一）"不"读轻声的情况

"不"在重叠动词中间,读轻声"bu",不标调。

请跟读：

pèng bu pèng（碰不碰）　　　kàn bu kàn（看不看）

jiào bu jiào （叫不叫）　　　chī bu chī （吃不吃）

(二)"不"读第二声的情况

"不"在第四声前,读第二声"bú",书写时可以写成原调的第四声,也可以写成变调的第二声。

请跟读:

búbì （不必）	bú biàn （不变）	búbiàn （不便）
búcuò （不错）	bú dà （不大）	búdài （不待）
búdàn （不但）	búdìng （不定）	bú dòng （不动）
búduì （不对）	búgòu （不够）	búgù （不顾）

(三)"不"读第四声的情况

1. "不"单用或在词句末尾,读第四声。

请跟读:

bù(不)　　　piān bù!（偏不!）

2. "不"在第一、第二和第三声前读第四声。

请跟读:

bù chī （不吃）	bù hē （不喝）	bùguāng （不光）
bùjīn （不禁）	bùkān （不堪）	bù mō （不摸）
bù tīng （不听）	bùqū （不屈）	bùxī （不惜）
bùxīng （不兴）	bùxiū （不休）	bù zhī （不知）
bùcéng （不曾）	bùchéng （不成）	bùdié （不迭）
bùfá （不乏）	bùfú （不符）	bùhé （不和）
bùjí （不及）	bùliáng （不良）	bù liáng （不凉）
bùpíng （不平）	bùxíng （不行）	bù tián （不甜）
bù zǒu （不走）	bù kě （不渴）	bù hǎo （不好）

bù měi	(不美)	bù kǎo	(不考)	bùxiǎng	(不想)
bùjǐn	(不仅)	bù xiǎo	(不小)	bù lǎo	(不老)
bù jiǎng	(不讲)	bù qiǎng	(不抢)	bù qiǎn	(不浅)

练习 5
Exercises 5

请边听边写出听到的音节，注意"不"的变调。

（1） （2） （3） （4）

（5） （6） （7） （8）

（9） （10） （11） （12）

"一、不"变调表
A Table of the Tone Changes of "一" and "不"

"一、不"的变调情况			
本　调	在一二三声前	在四声前	在重叠动词中间
读第一声(ˉ)　一 yī	读第四声(ˋ)　yì tiān（一天）/ yì nián（一年）/ yì běn（一本）	读第二声(ˊ)　yíyàng（一样）	读轻声　kàn yi kàn（看一看）
读第四声(ˋ)　不 bù	读第四声(ˋ)　bù chī（不吃）/ bùxíng（不行）/ bù zǒu（不走）	读第二声(ˊ)　bú qù（不去）	kàn bu kàn（看不看）

综合练习
Comprehensive Exercises

一、句子 Sentences

请边听边在横线上写出听到的"一、不"音节，然后跟读。

(1) Péngyou sòng wǒ＿＿＿ duì xiǎo niǎo, fàng zài＿＿＿ ge xiǎo lóngzi li.

(2) Tàiyáng＿＿＿ bù＿＿＿ bù de nǔlì xiàng shàngmian shēng qilai.

(3) Méiyǒu＿＿＿ piàn lǜ yè, méiyǒu＿＿＿ lǚ chuīyān, méiyǒu＿＿＿ lì nítǔ, méiyǒu＿＿＿ sī huā xiāng. Zhǐyǒu shuǐ de shìjiè, yún de hǎiyáng.

(4) Kě xiǎo niǎo, gěi shuǐ,＿＿＿ hē! Wèi ròu,＿＿＿ chī! Yóuliàng de yǔmáo shīqùle guāngzé.

(5) Qiáoqù,＿＿＿ dà piàn＿＿＿ dà piàn mǎn dì dōu shì.

(6)＿＿＿ guō xiǎomǐ xīfàn,＿＿＿ dié dàtóucài,＿＿＿ pán zìjiā niàngzhì de pàocài,＿＿＿ zhī xiàngkǒu mǎihui de kǎoyā.

(7) Wǒ＿＿＿ zàihu biérén de pīpíng yìjiàn,＿＿＿ zàihu biérén de dǐhuǐ liúyán, zhǐ zàihu nà＿＿＿ fèn suí xīn suǒ yù de shūtan zìrán.

(8) Tā pǔtōng de hé nǐ＿＿＿ yàng,＿＿＿ yàng de chéngshí,＿＿＿ yàng de rèqíng,＿＿＿ yàng de yǔ rén wéi shàn.

二、顺口溜 Jingles

（一）《牧鹅少年》

1. 请先用横线标出"一"的音节,然后边听边给顺口溜的拼音标出声调,最后跟读。

Mu e shaonian

Changchang yi tiao he,

He shang yi qun e.

Mu e yi shaonian,

Kou zhong chang shange.

Feilai yi zhi ying,

Shaonian ju qiang she.

Shesi yi zhi ying,

Xiapao yi qun e.

2. 请边看汉字边跟读顺口溜,注意"一"的变调。

牧鹅少年

长长一条河,
河上一群鹅。
牧鹅一少年,
口中唱山歌。
飞来一只鹰,
少年举枪射。
射死一只鹰,
吓跑一群鹅。

(二)《小白和小戴》

1. 请先用横线标出"一、不"的音节,然后边听边给顺口溜的拼音标出声调,最后跟读。

Xiao Bai he Xiao Dai

Xiao Bai he Xiao Dai,

Yikuair qu mai cai.

Xiao Bai bu mai lao bocai,

Xiao Dai bu mai xiao baicai.

Dao zuihou,

Xiao Bai maile yi ge yangbaicai,

Xiao Dai maile yi jin huanghuacai.

2. 请边看汉字边跟读顺口溜,注意声调。

小白和小戴

小白和小戴,
一块儿去买菜。
小白不买老菠菜,
小戴不买小白菜。
到最后,
小白买了一个洋白菜,
小戴买了一斤黄花菜。

三、谜语和古诗 Riddles and Ancient Poems

（一）字谜

1. 请边听边给字谜的拼音标出声调，并猜一猜。

    Yi dian yi dian you yi dian.　　　（dǎ yí zì）

    汉字：一点一点又一点。　　　　　（打一字）

2. 下面哪个选项是谜底？

    A. 汐 xī　B. 汊 chà　C. 汉 hàn

（二）谜语

1. 请边听边给谜语的拼音标出声调，并猜一猜。

    Yi ge xiao ben bu xunchang,

    Yulu shuang xue ji de xiang,

    Guole yi tian si yi ye,

    siwan zai si di-yi zhang.　　　（dǎ yí wù）

    汉字：一个小本不寻常，

    　　　雨露霜雪记得详，

    　　　过了一天撕一页，

    　　　撕完再撕第一张。　　　　（打一物）

2. 下面哪个选项是谜底？

    A. 日记 rìjì　B. 日历 rìlì　C. 日志 rìzhì

（三）古诗一：《绝句》

1. 请先用横线标出"一"的音节，然后边听边给古诗的拼音标出声调，最后跟读。

    Jue ju (Du Fu)

    Liang ge huangli ming cui liu,

    Yi hang bailu shang qingtian.

Chuang han Xiling qianqiu xue,

Men bo Dongwu wan li chuan.

2. 请看着汉字读古诗,注意声调。

绝句(杜甫)

两个黄鹂鸣翠柳,	两只黄莺啼叫在翠柳间,
一行白鹭上青天。	一行白鹭飞上了青天。
窗含西岭千秋雪,	窗内,似包含着岷山的千年积雪,
门泊东吴万里船。	窗外,停泊着去东吴的万里航船。

(四)古诗二:《九月九日忆山东兄弟》

1. 请先用横线标出"一"的音节,然后边听边给古诗的拼音标出声调,最后跟读。

Jiu yue jiu ri yi Shandong xiongdi (Wang Wei)

Du zai yixiang wei yi ke,

Mei feng jiajie bei si qin.

Yao zhi xiongdi denggao chu,

Bian cha zhuyu shao yi ren.

2. 请看着汉字读古诗,注意声调。

九月九日忆山东兄弟(王维)

独在异乡为异客,	孤独一人流落在他乡,
每逢佳节倍思亲。	每到佳节更加思念故乡的亲人。
遥知兄弟登高处,	我想家中的兄弟们此时也一定在登高远望着我,
遍插茱萸少一人。	可是我的那个茱萸囊现在却没有人佩带。

课后自测题
After Class Self-test Exercises

一、双音词自测题 Exercises on Disyllabic Words

(一) 请边听边在双音词右边写出声母 Please listen and write down the initials on the right of each disyllabic word

1. 奔跑（　）（　）　　2. 出发（　）（　）
3. 曾经（　）（　）　　4. 打开（　）（　）
5. 了解（　）（　）　　6. 男生（　）（　）
7. 如果（　）（　）　　8. 善良（　）（　）
9. 小船（　）（　）　　10. 见面（　）（　）
11. 谈话（　）（　）　　12. 造句（　）（　）
13. 思想（　）（　）　　14. 展览（　）（　）
15. 起床（　）（　）　　16. 困难（　）（　）

(二) 请边听边在双音词右边写出韵母 Please listen and write down the finals on the right of each disyllabic word

1. 奔跑（　）（　）　　2. 出发（　）（　）
3. 曾经（　）（　）　　4. 打开（　）（　）
5. 了解（　）（　）　　6. 男生（　）（　）
7. 如果（　）（　）　　8. 善良（　）（　）
9. 小船（　）（　）　　10. 见面（　）（　）
11. 谈话（　）（　）　　12. 造句（　）（　）
13. 思想（　）（　）　　14. 展览（　）（　）
15. 起床（　）（　）　　16. 困难（　）（　）
17. 议论（　）（　）　　18. 播放（　）（　）
19. 鹅黄（　）（　）　　20. 北方（　）（　）

(三) 请边听边在双音词上方标出声调 Please listen and mark the tones on the top of each disyllabic word

1. 简单   2. 美名   3. 宝贵   4. 长者

5. 讲究   6. 码头   7. 小姐   8. 教育

9. 一再   10. 一般   11. 一同   12. 一口

13. 不错   14. 不会

二、句子自测题 Exercises on Sentences

(一) 请边听边在句中汉字右边写出声母 Please listen and write down the initials on the right of each character in the sentences

1. 你(　)好(　)!
2. 他(　)去(　)图(　)书(　)馆(　)借(　)书(　)。
3. 麦(　)克(　)从(　)加(　)拿(　)大(　)来(　)北(　)京(　)旅(　)行(　)。
4. 杰(　)斯(　)到(　)学(　)校(　)上(　)课(　)去(　)了(　)。
5. 留(　)学(　)生(　)努(　)力(　)地(　)学(　)习(　)。

(二) 请边听边在句中汉字右边写出韵母 Please listen and write down the finals on the right of each character in the sentences

1. 你(　)好(　)!
2. 他(　)去(　)图(　)书(　)馆(　)借(　)书(　)。
3. 麦(　)克(　)从(　)加(　)拿(　)大(　)来(　)北(　)京(　)旅(　)行(　)。
4. 杰(　)斯(　)到(　)学(　)校(　)上(　)课(　)去(　)了(　)。
5. 留(　)学(　)生(　)努(　)力(　)地(　)学(　)习(　)。

（三）请边听边在句中汉字上方标出声调 Please listen and mark the tones on the top of each character in the sentences

1. 你好！

2. 他去图书馆借书。

3. 麦克从加拿大来北京旅行。

4. 杰斯到学校上课去了。

5. 留学生努力地学习。

Dì-liù kè　Qīngshēng
第六课　轻声
Lesson Six　The Neutral Tone

　　汉语中有些字,在语流中读得又轻又短,这就是轻声。《汉语拼音方案》规定:轻声在拼写时不标声调。

　　第一、第二、第三、第四声都可能变成轻声。轻声的音高是由前音节的音高决定的,可分为四种情况:第一声后边的轻声是半低轻,如"桌子(zhuōzi)";第二声后边的轻声是中轻,如"房子(fángzi)";第三声后边的轻声是半高轻,如"椅子(yǐzi)";第四声后边的轻声是低轻,如"柜子(guìzi)"。

　　在实际教学中,有的学生掌握不好轻声的音高。练习时可以把轻声前面的音节尽量发得完整、充分,然后往下降顺势带出轻声。

一、汉语的 4 种轻声　The 4 Neutral Tones in Chinese

(一) 第一声和半低轻

请跟读:

bāzhang　（巴掌）	jīling　（机灵）	bāngshou　（帮手）
yīfu　（衣服）	xiānsheng　（先生）	chuānghu　（窗户）
zhīshi　（知识）	dānwu　（耽误）	dōngxi　（东西）
fēngzheng　（风筝）	gēbo　（胳膊）	gōngfu　（工夫）
gūniang　（姑娘）	piānzi　（片子）	qīnqi　（亲戚）
shāngliang　（商量）	tāmen　（他们）	wūzi　（屋子）

(二) 第二声和中轻

请跟读：

bízi	(鼻子)	chóngzi	(虫子)	mántou	(馒头)
érzi	(儿子)	fángzi	(房子)	háizi	(孩子)
júzi	(橘子)	liángkuai	(凉快)	máfan	(麻烦)
pánzi	(盘子)	qiántou	(前头)	rénjia	(人家)
shétou	(舌头)	tíngzi	(亭子)	wénzi	(蚊子)
xuésheng	(学生)	yéye	(爷爷)	zánmen	(咱们)

(三) 第三声和半高轻

请跟读：

běnshi	(本事)	chǐzi	(尺子)	dǎliang	(打量)
ěrduo	(耳朵)	guǒzi	(果子)	huǒhou	(火候)
jiǎozi	(饺子)	kǒudai	(口袋)	lǎoshi	(老实)
mǎhu	(马虎)	nǎinai	(奶奶)	qǔzi	(曲子)
shǒushi	(首饰)	tǎnzi	(毯子)	wǎnshang	(晚上)
xǐhuan	(喜欢)	yǎnghuo	(养活)	zǎoshang	(早上)
zhǒngzi	(种子)	mǎimai	(买卖)	jiějie	(姐姐)

(四) 第四声和低轻

请跟读：

bàba	(爸爸)	còuhe	(凑合)	dùzi	(肚子)
gàosu	(告诉)	hòudao	(厚道)	jiànshi	(见识)
kèqi	(客气)	lìqi	(力气)	mèimei	(妹妹)

76

| piàoliang | （漂亮） | rènao | （热闹） | xièxie | （谢谢） |
| yuèliang | （月亮） | zhàngfu | （丈夫） | wàzi | （袜子） |

练习 1
Exercises 1

1. 请跟读，注意轻声音节。

běnzi	（本子）	bùfen	（部分）	rènao	（热闹）
chēzi	（车子）	chúle	（除了）	dǎting	（打听）
dàye	（大爷）	dàifu	（大夫）	dāozi	（刀子）
duìwu	（队伍）	fúqi	（福气）	gōngfu	（工夫）

2. 请边听边写出听到的音节，注意轻声。

（1） （2） （3） （4）

（5） （6） （7） （8）

（9） （10） （11） （12）

3. 请边听边给拼音标出声调。

（1）guniang （2）guanxi （3）zhishi （4）haizi

（5）dongxi （6）putao （7）huopo （8）shangliang

（9）jixing （10）panzi （11）xiansheng （12）juzi

(13) koudai   (14) lihai   (15) kunnan   (16) mali

(17) mingzi   (18) kuaizi   (19) maimai   (20) mianzi

二、轻声的作用 The Functions of the Neutral Tone

1. 改变词性

轻声不仅是一种语音现象,有时跟语法有联系,它可以改变词性。

请跟读：

dàyì	大意(名词) —— dàyi 大意(形容词)
dìdào	地道(名词) —— dìdao 地道(形容词)
guòqù	过去(名词) —— guòqu 过去(动词)

2. 区别词义

有些轻声可以区别词义。

请跟读：

dàyì	大意(文章的主要意思) —— dàyi 大意(粗心)
dìdào	地道(地下的通道) —— dìdao 地道(真正的)
xiōngdì	兄弟(哥哥和弟弟) —— xiōngdi 兄弟(弟弟)
guò nián	过年(度过新年) —— guònian 过年(明年)
sūnzǐ	孙子(人名) —— sūnzi 孙子(儿子的儿子)

三、必读轻声的词 The Words that Must Be Read in a Neutral Tone

(1) 人称代词后缀读轻声

请跟读：

wǒmen （我们）   nǐmen （你们）   tāmen （它们）

(2) 助词读轻声
请跟读：

| zǒuzhe （走着） | hǎo le （好了） | qùguo （去过） |
| wǒ de （我的） | gāoxìng de （高兴地） | chī de kuài （吃得快） |

(3) 语气词读轻声
请跟读：

| kàn ba （看吧） | shì ma （是嘛） |
| háizi ne （孩子呢） | hē ya （喝呀） |

(4) 有些词可读轻声，也可不读轻声，但有些词一定要读轻声，例如下面这些词。

请跟读：

yīfu （衣服）	bāofu （包袱）	gānjing （干净）
xiàohua （笑话）	dānge （耽搁）	chuānghu （窗户）
dāying （答应）	dǎnzi （胆子）	dìfang （地方）
diǎnxin （点心）	fēngzheng （风筝）	gūniang （姑娘）

练习 2
Exercises 2

请边听边选出听到的音节，注意轻声。

（1）A. jiēshi　　　B. jiēshí　　　（2）A. màozǐ　　　B. màozi
（3）A. míngbái　　B. míngbai　　（4）A. nánwei　　B. nánwèi
（5）A. nuǎnhuó　　B. nuǎnhuo　　（6）A. páizi　　　B. páizǐ
（7）A. piányi　　　B. piányì　　　（8）A. piàoliàng　B. piàoliang

（9）A. qīnqi　　B. qīnqì　　（10）A. rénmen　B. rénmén
（11）A. shāngliáng　B. shāngliang　（12）A. shūfu　　B. shūfú
（13）A. shēngyì　B. shēngyi　（14）A. shíhòu　B. shíhou
（15）A. shìqing　B. shìqíng　（16）A. tóufà　　B. tóufa
（17）A. xiānsheng　B. xiānshēng　（18）A. yàoshì　B. yàoshi
（19）A. xiūxi　　B. xiūxī　　（20）A. zěnme　B. zěnmé

综合练习
Comprehensive Exercises

一、惯用语和俗语　Locutions and Folk Adages

（一）惯用语

1. 请跟读，注意轻声。

bǎi jiàshi	（摆架式）	bài bǎzi	（拜把子）
bān shítou	（搬石头）	bō zhǒngzi	（播种子）
bù hánhu	（不含糊）	bù hǎoyìsi	（不好意思）
chā dīngzi	（插钉子）	cháng tiántou	（尝甜头）
chén gǔzi làn zhīma	（陈谷子烂芝麻）		
chéng qìhou	（成气候）		
chī kǔtou	（吃苦头）	dǎ guānsi	（打官司）
dǎ máifu	（打埋伏）	guò shāizi	（过筛子）
lā jìnhu	（拉近乎）	mènhúlu	（闷葫芦）
rào wānzi	（绕弯子）	sā yāzi	（撒鸭子）
tuō wěiba	（拖尾巴）	wǔ gàizi	（捂盖子）

第六课　轻声

| xiāngbōbo　（香饽饽） | yǒu jiǎngjiu　（有讲究） |
| zhào jìngzi　（照镜子） | zuān kòngzi　（钻空子） |

2. 请边听边给惯用语的拼音标出声调,然后跟读。

（1）bu hanhu　　　　　　　（2）chen guzi lan zhima

（3）bu haoyisi　　　　　　（4）xiangbobo

（5）you jiangjiu　　　　　（6）da guansi

（7）cheng qihou　　　　　（8）zuan kongzi

（9）da maifu　　　　　　　（10）menhulu

（11）chi kutou　　　　　　（12）sa yazi

（13）rao wanzi　　　　　　（14）wu gaizi

（15）chang tiantou　　　　（16）ban shitou

（二）俗语

1. 请跟读,注意轻声。

(1) bǎ kānjiā de běnshi dōu ná chulai	（把看家的本事都拿出来）
(2) bānqǐ shítou dǎ zìjǐ de jiǎo	（搬起石头打自己的脚）
(3) bànlù shang shāchū ge Chéng Yǎojīn	（半路上杀出个程咬金）
(4) bēizhe bàozhe yìbān chén	（背着抱着一般沉）
(5) chéng rén bú zìzai, zìzai bù chéng rén	（成人不自在,自在不成人）

81

(6) chī rénjia de zuǐ duǎn, ná rénjia de lǐ duǎn
（吃人家的嘴短，拿人家的理短）

2. 请边听边给俗语的拼音标出声调。

(1) beizhe baozhe yi ban chen

(2) cheng ren bu zizai, zizai bu cheng ren

(3) chi renjia de zui duan, na renjia de li duan

(4) banqi shitou da ziji de jiao

(5) banlu shang shachu ge Cheng Yaojin

(6) ba kanjia de benshi dou na chulai

二、句子　Sentences

请边听边在横线上写出听到的音节，然后跟读，注意轻声。

(1) Zài ____ ____, ____ ____ kàn rìchū, wǒ tèdì ____ ____ ____ dà zǎo.

(2) Shān lǎngrùn ____ ____ ____, shuǐ zhǎng ____ ____ ____, ____ ____ ____ liǎn hóng ____ ____ ____.

(3) Shíqiáo biān, yǒu ____ ____ sǎn mànmàn ____ ____ rén, ____ ____ háiyǒu ____ ____ nóngmín, ____ ____ suō ____ ____ lì.

(4) Wǎnfàn guò hòu, huǒshāoyún ____ ____ ____. Dà bái gǒu biàn

chéng ___ ___ ___, hóng gōng jī biànchéng ___ ___ ___, hēi mǔ jī biànchéng zǐtán ___ ___ ___.

三、顺口溜 Jingles

(一)《扇子》

1. 请先用横线标出轻声音节,然后边听边给顺口溜的拼音标出声调,最后跟读。

Shan zi

Wuzi li fangzhe guizi,

Guizi li fangzhe xiangzi,

Xiangzi li fangzhe hezi,

Hezi li fangzhe shanzi.

Shanzi fang zai hezi li,

Hezi fang zai xiangzi li,

Xiangzi fang zai guizi li,

Guizi fang zai wuzi li.

2. 请边看汉字边跟读顺口溜,注意轻声。

扇　子

屋子里放着柜子,
柜子里放着箱子,
箱子里放着盒子,
盒子里放着扇子。

扇子放在盒子里，
盒子放在箱子里，
箱子放在柜子里，
柜子放在屋子里。

(二)《摘果子》

1. 请先用横线标出轻声音节，然后边听边给顺口溜的拼音标出声调，最后跟读。

Zhai guozi

Yi er san、san er yi,

Yi er san si wu liu qi,

Qi ge haizi lai zhai guo,

Qi ge lanzi shou zhong ti;

Qi ge guozi qi ge yang,

Pingguo、xiangjiao、juzi、shizi、lizi、lizi、li.

2. 请边看汉字边跟读顺口溜，注意声调。

摘果子

一二三、三二一，
一二三四五六七，
七个孩子来摘果
七个篮子手中提；
七个果子七个样，
苹果、香蕉、橘子、柿子、
李子、栗子、梨。

四、谜语和诗歌　Riddles and Poems

（一）谜语一

1. 请边听边给谜语的拼音标出声调，并猜一猜。

　　　　Ren tuo yifu,

　　　　Ta chuan yifu;

　　　　Ren zhai maozi,

　　　　Ta dai maozi.　　　（dǎ yí wù）

> 汉字：人脱衣服，
> 　　　它穿衣服；
> 　　　人摘帽子，
> 　　　它戴帽子。　　　（打一物）

2. 下面哪个选项是谜底？

　A. 行李架 xínglijià　B. 鞋架 xiéjià　C. 衣架 yījià

（二）谜语二

1. 请边听边给谜语的拼音标出声调，并猜一猜。

　　　　Lian shang liangguangguang,

　　　　Zuo zai zhuozi shang,

　　　　Meimei pao guolai,

　　　　Qing ta zhao ge xiang.　　　（dǎ yí wù）

> 汉字：脸上亮光光，
> 　　　坐在桌子上，
> 　　　妹妹跑过来，
> 　　　请它照个相。　　　（打一物）

2. 下面哪个选项是谜底？

　A. 照相机 zhàoxiàngjī　B. 镜子 jìngzi　C. 手机 shǒujī

(三) 诗歌:《假如你真的爱我》

1. 请先用横线标出轻声音节,然后边听边给诗歌的拼音标出声调,最后跟读。

Jiaru ni zhen de ai wo

Jiaru ni zhen de ai wo,

Qing ni xian ai zhe tiao xiao he,

Ta meiyou Chang Jiang de hongwei,

Ye meiyou da hai de zhuangkuo.

Qianqian de liushui,

Tiaodangzhe qing bo,

Que cong bu ganhe,

Cong bu hunzhuo.

Jiaru ni zhen de ai wo,

Qing ni xian ai zhe zhi zhu huo,

Ta meiyou xiongxiong de lieyan,

Ye meiyou huxiao de shengse,

Yi dianran ziji wei zhongshen shiye,

Que cong bu fanhui,

Zhu ren wei le.

Jiaru ni zhen de ai wo,

Qing ni xian ai zhe tiao xiao he;

Jiaru ni zhen de ai wo,

Qing ni xian ai zhe zhi zhu huo.

2. 请看着汉字读诗歌，注意声调。

假如你真的爱我

假如你真的爱我，
请你先爱这条小河，
它没有长江的宏伟，
也没有大海的壮阔。
浅浅的流水，
跳荡着清波，
却从不干涸，
从不浑浊。
假如你真的爱我，
请你先爱这支烛火，
它没有熊熊的烈焰，
也没有呼啸的声色，
以点燃自己为终身事业，
却从不反悔，
助人为乐。
假如你真的爱我，
请你先爱这条小河；
假如你真的爱我，
请你先爱这支烛火。

课后自测题
After Class Self-test Exercises

一、双音词自测题 Exercises on Disyllabic Words

（一）请边听边在双音词右边写出声母 Please listen and write down the initials on the right of each disyllabic word

1. 巴掌（　）（　）　　2. 知识（　）（　）
3. 片子（　）（　）　　4. 工夫（　）（　）
5. 东西（　）（　）　　6. 窗户（　）（　）
7. 桌子（　）（　）　　8. 先生（　）（　）
9. 姑娘（　）（　）　　10. 帮手（　）（　）
11. 橘子（　）（　）　　12. 凉快（　）（　）
13. 麻烦（　）（　）　　14. 前头（　）（　）
15. 亭子（　）（　）　　16. 豆腐（　）（　）

（二）请边听边在双音词右边写出韵母 Please listen and write down the finals on the right of each disyllabic word

1. 巴掌（　）（　）　　2. 工夫（　）（　）
3. 东西（　）（　）　　4. 窗户（　）（　）
5. 姑娘（　）（　）　　6. 帮手（　）（　）
7. 凉快（　）（　）　　8. 麻烦（　）（　）
9. 前头（　）（　）　　10. 豆腐（　）（　）
11. 暖和（　）（　）　　12. 打量（　）（　）
13. 漂亮（　）（　）　　14. 热闹（　）（　）
15. 告诉（　）（　）　　16. 凑合（　）（　）

（三）请边听边在双音词上方标出声调 Please listen and mark the tones on the top of each disyllabic word

1. 巴掌　　2. 凉快　　3. 漂亮　　4. 暖和

5. 热闹   6. 麻烦   7. 姑娘   8. 前头

9. 打量   10. 告诉   11. 窗户   12. 谢谢

13. 耳朵   14. 饺子   15. 口袋   16. 老实

17. 见识   18. 火候

二、句子自测题　Exercises on Sentences

(一) 请边听边在句中汉字右边写出声母 Please listen and write down the initials on the right of each character in the sentences

1. 吃(　)饭(　)了(　)吗(　)?
2. 你(　)什(　)么(　)时(　)候(　)去(　)上(　)班(　)?
3. 打(　)的(　)去(　)吧(　)!
4. 我(　)买(　)词(　)典(　),你(　)买(　)不(　)买(　)?
5. 来(　)盘(　)包(　)子(　),再(　)要(　)瓶(　)啤(　)酒(　)。

(二) 请边听边在句中汉字右边写出韵母 Please listen and write down the finals on the right of each character in the sentences

1. 吃(　)饭(　)了(　)吗(　)?
2. 你(　)什(　)么(　)时(　)候(　)去(　)上(　)班(　)?
3. 打(　)的(　)去(　)吧(　)!
4. 我(　)买(　)词(　)典(　),你(　)买(　)不(　)买(　)?
5. 来(　)盘(　)包(　)子(　),再(　)要(　)瓶(　)啤(　)酒(　)。

（三）请边听边在句中汉字上方标出声调 Please listen and mark the tones on the top of each character in the sentences

1. 吃饭了吗？

2. 你什么时候去上班？

3. 打的去吧！

4. 我买词典，你买不买？

5. 来盘包子，再要瓶啤酒。

第七课 儿化
Dì-qī kè Érhuà

Lesson Seven   The r-Ending Retroflexion

儿化，是指在韵母后面加上一个卷舌动作，使它带上卷舌音"儿"的音色，这种卷舌韵母就叫儿化韵。儿化韵用 r 来表示，写在音节的末尾，汉字用"儿"来表示，例如"niǎor（鸟儿）"。单韵母 er，本来就是卷舌的韵母，不能算作儿化。儿化韵母可归纳为四类。

汉语的4类儿化韵　The 4 Kinds of r-Ending Retroflexion in Chinese

（一）韵母直接卷舌

读这类韵母时，直接卷舌。书写时在韵母后直接加上 r。可分为六种。

1. a、ia、ua

(1) a [A] → ar [Ar]

请跟读：

| dāobàr（刀把儿） | hàomǎr（号码儿） | xìfǎr（戏法儿） |
| zài nǎr（在哪儿） | zhǎo chár（找茬儿） | dǎ zár（打杂儿） |

(2) ia [iA] → iar [iAr]

请跟读：

yíxiàr（一下儿）　dòuyár（豆芽儿）　diào jiàr（掉价儿）

(3) ua [uA] → uar [uAr]

请跟读：

yáshuār（牙刷儿）　xiǎo huār（小花儿）　xiāngguār（香瓜儿）

2. e

e [ɤ] → er [ɤr]

请跟读：

zhǐhér　（纸盒儿）　shāngēr　（山歌儿）　xiǎochēr　（小车儿）

3. ie、üe

(1) ie [iɛ] → ier [iɛr]

请跟读：

bànjiér　（半截儿）　xiǎoxiér　（小鞋儿）　shùyèr　（树叶儿）

(2) üe [yɛ] → üer [yɛr]

请跟读：

zhǔjuér　（主角儿）　dànjuér　（旦角儿）

4. o、uo

(1) o [o] → or [or]

请跟读：

ěrmór　（耳膜儿）　fěnmòr　（粉末儿）　fēimòr　（飞沫儿）

(2) uo [uo] → uor [uor]

请跟读：

huǒguōr　（火锅儿）　dàhuǒr　（大伙儿）　xiǎoshuōr　（小说儿）

yóuchuōr　（邮戳儿）　bèiwōr　（被窝儿）

5. ao、iao

(1) ao [au] → aor [aur]

请跟读：

dēngpàor　（灯泡儿）　shǒutàor　（手套儿）　juézhāor　（绝招儿）

第七课 儿化

bàndàor （半道儿）　hóngbāor （红包儿）　kǒuzhàor （口罩儿）

(2) iao [iɑu] → iaor [iɑur]
请跟读：

miàntiáor （面条儿）　dòujiǎor （豆角儿）　kāiqiàor （开窍儿）

yúpiāor （鱼漂儿）　huǒmiáor （火苗儿）　pǎodiàor （跑调儿）

6. u、ou、iou

(1) u [u] → ur [ur]
请跟读：

suìbùr （碎步儿）　yǒushùr （有数儿）　lèizhūr （泪珠儿）
líhúr （梨核儿）　méipǔr （没谱儿）

(2) ou [ou] → our [our]
请跟读：

lǎotóur （老头儿）　xiǎotōur （小偷儿）

yīdōur （衣兜儿）　niǔkòur （纽扣儿）

(3) iou [iou] → iour [iour]
请跟读：

jiā yóur （加油儿）　zhuā jiūr （抓阄儿）　mián qiúr （棉球儿）

练习1
Exercises 1

1. 请跟读，注意儿化音节。

（1）jiā yóur（加油儿）　　（2）zhuā jiūr（抓阄儿）

（3）lǎotóur（老头儿）　　（4）lèizhūr（泪珠儿）

（5）yǒushùr（有数儿）　　（6）kāi qiàor（开窍儿）

（7）miàntiáor（面条儿）　　（8）hóngbāor（红包儿）

（9）shǒutàor（手套儿）　　（10）huǒguōr（火锅儿）

（11）dàhuǒr（大伙儿）　　（12）xiǎoshuōr（小说儿）

（13）ěrmór（耳膜儿）　　（14）fěnmòr（粉末儿）

（15）zhǔjuér（主角儿）　　（16）xiǎochēr（小车儿）

（17）yáshuār（牙刷儿）　　（18）yíxiàr（一下儿）

（19）zài nǎr（在哪儿）　　（20）hàomǎr（号码儿）

2. 请边听边在横线上写出听到的儿化音节。

（1）zài _____　　（2）huǒ_____　　（3）hào_____

（4）shǒu_____　　（5）yí_____　　（6）hóng_____

（7）yá_____　　（8）kāi_____　　（9）xiǎo_____

（10）miàn_____　　（11）zhǔ_____　　（12）yǒu_____

（13）xiǎo_____　　（14）lèi_____　　（15）ěr_____

(16) jiā_____   (17) fěn_____   (18) xiǎo_____

(19) dà_____   (20) lǎo_____

（二）单韵母是 i、ü 或韵尾是 i、ü 的，不便卷舌

这类单韵母或韵尾都是高元音 i、ü。单韵母 i、ü 发音时，舌要往下放，改读成 ier 或 üer。音节末尾是复韵母，要先去掉韵尾，然后主要元音卷舌。书写时都是直接在 i、ü 后加上 r。

1. i、ü

(1) i [i] → ir [iər]

请跟读：

wányìr （玩意儿）　　xiǎo jīr （小鸡儿）　　xiǎo qír （小旗儿）

(2) ü [y] → ür [yər]

请跟读：

xiǎoyǔr （小雨儿）　　yǒuqùr （有趣儿）　　jīnjúr （金橘儿）

2. ai、ei、uei、uai

(1) ai [ai] → air [ɐr]

请跟读：

míngpáir （名牌儿）　　xiédàir （鞋带儿）　　xiǎoháir （小孩儿）

jiā sāir （加塞儿）　　húgàir （壶盖儿）

(2) ei [ei] → eir [ər]

请跟读：

dāobèir （刀背儿）　　mō hēir （摸黑儿）

(3) uei [uei] → ueir [uɚ]

请跟读：

yíhuìr　（一会儿）　　mòshuǐr（墨水儿）

wéizuǐr　（围嘴儿）　　zǒu wèir（走味儿）

(4) uai [uai] → uair [uɐr]

请跟读：

yíkuàir（一块儿）　　guāiguāir（乖乖儿）

练习 2
Exercises 2

1. 请跟读，注意儿化音节。

(1) wányìr　（玩意儿）　　(2) xiǎoyúr（小鱼儿）

(3) míngpáir（名牌儿）　　(4) yǒuqùr（有趣儿）

(5) xiǎoháir（小孩儿）　　(6) yíhuìr　（一会儿）

(7) húgàir　（壶盖儿）　　(8) jiā sāir（加塞儿）

2. 请边听边写出听到的音节，注意儿化音节。

(1)　　　　(2)　　　　(3)　　　　(4)

(5)　　　　(6)　　　　(7)　　　　(8)

（三）鼻韵母中的 -n、-ng 不能发生卷舌作用

韵尾是 -n 的，发音时要丢掉 -n，主要元音卷舌。韵尾是 -ng 的，发音时要丢掉 -ng，主要元音卷舌，变为鼻化元音。书写时直接在鼻韵母的 -n 或 -ng 后加上 r。

第七课　儿化

1. an、ian、uan、üan、en、in、uen、ün

(1) an [an] → anr [ɐr]

请跟读：

lǎobànr　（老伴儿）　　suànbànr　（蒜瓣儿）　　zhàlánr　（栅栏儿）

(2) ian [iɛn] → ianr [iɛr]

请跟读：

zhàopiānr（照片儿）　　chàdiǎnr　（差点儿）　　liáo tiānr　（聊天儿）

yáqiānr　（牙签儿）　　lāliànr　（拉链儿）　　xīnyǎnr　（心眼儿）

(3) uan [uan] → uanr [uɐr]

请跟读：

chágurnr（茶馆儿）　　luòkuǎnr　（落款儿）　　dàwànr　（大腕儿）

hǎowánr　（好玩儿）　　dǎzhuànr（打转儿）　　huǒguànr（火罐儿）

(4) üan [yɛn] → üanr [yɛr]

请跟读：

rényuánr　（人缘儿）　　rào yuǎnr　（绕远儿）　　chū quānr（出圈儿）

shǒujuànr　（手绢儿）　　yānjuǎnr　（烟卷儿）　　bāo yuánr（包圆儿）

(5) en [ən] → enr [ər]

请跟读：

huāpénr　（花盆儿）　　nàmènr　（纳闷儿）　　yízhènr　（一阵儿）

(6) in [in] → inr [iər]

请跟读：

yǒu jìnr　（有劲儿）　　sòng xìnr　（送信儿）　　jiǎoyìnr　（脚印儿）

汉语语音教程·基础篇

(7) uen [uən] → uenr [uər]

请跟读：

dǎ dǔnr （打盹儿）　　bīnggùnr （冰棍儿）　　méi zhǔnr （没准儿）

(8) ün [yn] → ünr [yər]

请跟读：

héqúnr　（合群儿）　　huā qúnr　（花裙儿）

2. ang、iang、uang、eng、ing、ueng、ong、iong

(1) ang [ɑŋ] → angr[ɑ̃r]

请跟读：

yàofāngr　（药方儿）　gǎn tàngr　（赶趟儿）　guārángr （瓜瓤儿）

(2) iang [iɑŋ] → iangr [iɑ̃r]

请跟读：

huāyàngr　（花样儿）　tòu liàngr　（透亮儿）　bíliángr　（鼻梁儿）

(3) uang [uɑŋ] → uangr [uɑ̃r]

请跟读：

dànhuángr（蛋黄儿）　tiānchuāngr（天窗儿）

(4) eng [əŋ] → engr [ə̃r]

请跟读：

tíchéngr　（提成儿）　gāngbèngr　（钢镚儿）　bógěngr　（脖梗儿）

(5) ing [iŋ] → ingr [iə̃r]

请跟读：

huāpíngr　（花瓶儿）　yǎnjìngr（眼镜儿）

rényǐngr　（人影儿）　túdīngr　（图钉儿）

(6) ueng [uəŋ] → uengr [uə̃r]

请跟读：

xiǎo wèngr（小瓮儿）

(7) ong [uŋ] → ongr [ũr]

请跟读：

xiǎocōngr（小葱儿）　chōu kòngr（抽空儿）　hútongr　（胡同儿）

guǒdòngr（果冻儿）　méndòngr　（门洞儿）　jiǔzhōngr（酒盅儿）

(8) iong [yŋ] → iongr [ỹr]

请跟读：

xiǎo xióngr（小熊儿）

练习 3
Exercises 3

1. 请跟读，注意儿化音节。

（1）lǎobànr　（老伴儿）　　（2）chàdiǎnr　（差点儿）

（3）lāliànr　（拉链儿）　　（4）liáo tiānr　（聊天儿）

（5）luòkuǎnr　（落款儿）　　（6）hǎowánr　（好玩儿）

（7）rényuánr（人缘儿）　　　　（8）huāpénr（花盆儿）

（9）méi zhǔnr（没准儿）　　　　（10）yǎnjìngr（眼镜儿）

2. 请边听边写出听到的音节，注意儿化音节。
（1）　　（2）　　（3）　　（4）　　（5）

（6）　　（7）　　（8）　　（9）　　（10）

（四）韵母是 -i [ɿ] 和 -i [ʅ] 的，不便卷舌

韵母是 -i [ɿ]、-i[ʅ]的，发音时要把 -i [ɿ] 和 -i[ʅ] 都改读成 er。书写时直接在韵母 -i 后加上 r。

1. -i [ɿ] → ir [ər]

请跟读：

guāzǐr（瓜子儿）　　shízǐr（石子儿）　　gēcír（歌词儿）

2. -i [ʅ] → ir [ər]

请跟读：

jìshìr（记事儿）　　jùchǐr（锯齿儿）　　mòzhīr（墨汁儿）

练习 4
Exercises 4

1. 请跟读，注意儿化音节。

hàomǎr　（号码儿）　　　　yíxiàr　（一下儿）

xiǎochēr　（小车儿）　　　　shùyèr　（树叶儿）

fěnmòr　（粉末儿）　　　　huǒguōr（火锅儿）

hóngbāor	(红包儿)	miàntiáor	(面条儿)
lèizhūr	(泪珠儿)	xiǎotōur	(小偷儿)
jiā yóur	(加油儿)	wányìr	(玩意儿)
yǒuqùr	(有趣儿)	xiǎoháir	(小孩儿)
mō hēir	(摸黑儿)	yíhuìr	(一会儿)
yíkuàir	(一块儿)	lǎobànr	(老伴儿)
zhàopiānr	(照片儿)	cháguǎnr	(茶馆儿)
rényuánr	(人缘儿)	yízhènr	(一阵儿)
méi zhǔnr	(没准儿)	huāqúnr	(花裙儿)
yàofāngr	(药方儿)	huāyàngr	(花样儿)
dànhuángr	(蛋黄儿)	tíchéngr	(提成儿)
yǎnjìngr	(眼镜儿)	xiǎo wèngr	(小瓮儿)
hútongr	(胡同儿)	gēcír	(歌词儿)
jìshìr	(记事儿)		

2. 请边听边写出听到的音节，注意儿化音节。

（1） （2） （3） （4） （5） （6）

（7） （8） （9） （10） （11） （12）

（13） （14）

综合练习
Comprehensive Exercises

一、惯用语和俗语 Locutions and Folk Adages

（一）惯用语

1. 请跟读,注意儿化音节。

bā zì méi yī piěr	（八字没一撇儿）	bá jiānr	（拔尖儿）
bào yì tóur	（抱一头儿）	chōng dà gèr	（充大个儿）
chūshùr	（出数儿）	chuī dēngr	（吹灯儿）
dā chár	（搭茬儿）	dài cìr	（带刺儿）
zǒu hòuménr	（走后门儿）	huàbàr	（话把儿）
kāi yóur	（揩油儿）	kōuménr	（抠门儿）
yìgǔnǎor	（一股脑儿）	zǒu bǎnr	（走板儿）

2. 请边听边给惯用语的拼音标出声调,注意儿化音节。

（1）bao yi tour　　　（2）zou banr　　　（3）ba jianr

（4）yigunaor　　　（5）zou houmenr　　　（6）chong da ger

（7）koumenr　　　（8）chui dengr　　　（9）chushur

（10）dai cir　　　（11）huabar　　　（12）kai your

3. 请边听边写出听到的惯用语音节,注意儿化音节。

（1）　　　　　（2）　　　　　（3）　　　　　（4）

(5)　　　　　　（6）　　　　　　　（7）　　　　　　（8）

（二）俗语

1. 请跟读，注意声调。

> zhēnjiānr duì màimáng　　　　　（针尖儿对麦芒）
>
> zhēnbír dà de kǒng, dǒu dà de fēng　（针鼻儿大的孔，斗大的风）
>
> lǜdòur shì "Jì shì zhī gǔ"　　　（绿豆儿是"济世之谷"）
>
> kě yí rì wú ròu, bùkě yí rì wú dòur　（可一日无肉，不可一日无豆儿）
>
> dōng chī luóbo xià chī jiāng, bù láo yīshēng kāi yàofāngr
>
> （冬吃萝卜夏吃姜，不劳医生开药方儿）

2. 请边听边给俗语的拼音标出声调，注意儿化音节。

（1）dong chi luobo xia chi jiang, bu lao yi sheng kai yaofangr

（2）lüdour shi "Ji shi zhi gu"

（3）ke yi ri wu rou, buke yi ri wu dour

（4）zhenbir da de kong, dou da de feng

（5）zhenjianr dui maimang

二、句子 Sentences

请边听边在横线上写出听到的儿化音节，然后跟读。

(1) Cóng zhōng chuánchū _____ bān yòu xì yòu liàng _____ de jiào shēng.

(2) Zhè xiǎo jiāhuo _____ _____ luò zài guì dǐng shang, _____ _____ shénqì shízú de zhàn zài shūjià shang.

(3) Tā ràozhe wǒ de _____ _____ bènglái bèngqù.

(4) _____ _____ què lǜ de fā liàng, _____ _____ yě qīng de bī nǐ de yǎn.

(5) Suízhe zhè yì shēng jīng jiào, wǒ hé qítā yóukè _____ _____ yǒngshang qián qù.

(6) Xuě xià de hěn dà. Kāishǐ hái bànzhe _____ _____ xiǎoyǔ, bùjiǔ jiù zhǐ jiàn dà piàn dà piàn de xuěhuā, cóng tiānkōng zhōng piāoluò xialai.

(7) _____ _____ jiù zhème zhànzhe, jì bù qiánjìn yě bú hòutuì, zhǐshì gùzhí de zhùshìzhe zìjǐ de qiánfāng.

(8) _____ _____ gōngzuò, zhùyì shēntǐ.

(9) Yángguāng xié shè zài shānyāo shang, _____ _____ báo xuě hǎoxiàng hūrán hàixiū, wēiwēi lùchū _____ fěn sè.

(10) Shānpō shang yǒude dìfang cǎo sè hái lùzhe; zhèyàng _____ _____ bái, _____ _____ àn huáng, gěi shānmen chuānshang yí jiàn dài _____ _____ de huā yī.

三、顺口溜 Jingles

（一）《板凳和扁担》

1. 请先用横线标出儿化音节,然后边听边给顺口溜的拼音标出声调,最后跟读。

第七课　儿化

Biandan he bandengr

Biandan chang, bandengr kuan,

Biandan meiyou bandengr kuan,

Bandengr meiyou biandan chang.

Biandan yiding yao bang zai bandengr shang,

Bandengr bu rang biandan bang zai bandengr shang,

Biandan pian yao bang zai bandengr shang,

Zuihou shi,

Biandan mei neng bang zai bandengr shang.

2. 请边看汉字边跟读顺口溜，注意声调。

扁担和板凳儿

扁担长，板凳儿宽，
扁担没有板凳儿宽，
板凳儿没有扁担长。
扁担一定要绑在板凳儿上，
板凳儿不让扁担绑在板凳儿上，
扁担偏要绑在板凳儿上，
最后是，
扁担没能绑在板凳儿上。

(二)《张家庄儿和李家庄儿》

1. 请先用横线标出儿化音节,然后边听边给顺口溜的拼音标出声调,最后跟读。

Zhangjiazhuangr he Lijiazhuangr

Congqian you ge Zhangjiazhuangr,

Cun qian you zuo gao shan;

Congqian you ge Lijiazhuangr,

Cun hou you ge hetan.

Cong Zhangjiazhuangr dao Lijiazhuangr,

Yao pan gaogaodidi de shan,

Yao guo wanwanququ de tan.

Da tong shan, tian ping tan,

Cong Zhangjiazhuangr dao Lijiazhuangr,

Bu pa shan, bu guo tan,

Yi tiao dalu pingtantan,

Lailaiwangwang bu kunnan.

2. 请边看汉字边跟读顺口溜,注意声调。

张家庄儿和李家庄儿

从前有个张家庄儿,
村前有座高山;
从前有个李家庄儿,
村后有个河滩。
从张家庄儿到李家庄儿,
要攀高高低低的山,
要过弯弯曲曲的滩。
打通山,填平滩,
从张家庄儿到李家庄儿,
不爬山,不过滩,
一条大路平坦坦,
来来往往不困难。

四、谜语和诗歌 Riddles and Poems

（一）字谜

1. 请边听边给字谜的拼音标出声调,并猜一猜。

   Shi liang duo yi dianr.　　　（dǎ yí zì）

   汉字：十两多一点儿。　　　　（打一字）

2. 下面哪个选项是谜底？

   A. 斥 chì　　B. 两 liǎng　　C. 斤 jīn

（二）谜语

1. 请边听边给谜语的拼音标出声调,并猜一猜。

   Yi ge laotour,
   Bu pao bu zou;
   Qing ta shui jiao,
   Ta jiu yao tou.　　　（dǎ yì zhǒng wánjù）

汉字：一个老头儿，
　　　不跑不走；
　　　请他睡觉，
　　　他就摇头。　　　　　（打一种玩具）

2. 下面哪个选项是谜底？
　　A. 空竹 kōngzhú　　B. 陀螺 tuóluó　　C. 不倒翁 bùdǎowēng

（三）诗歌：《我爱金色的秋天》

1. 请先用横线标出儿化音节，然后边听边给诗歌的拼音标出声调，最后跟读。

Wo ai jinse de qiutian

Bikong tian gao yun dan,

Dadi yangguang canlan,

Shan pi hong,

Shui zhanlan,

Guo man zhi,

Gua man yuan.

Pingguo xiang hong hua duoduo,

Putao xiang zhenzhu chuanchuan.

Gusuir ying feng qi wu,

Miantaor zhan kai xiaolian.

Beiguo fengye hong,

Xi Hu juhua yan,

Donghai yu'er fei,

Nanjiang lizhi tian.

Wo ai fengshou de jijie,

Wo ai jinse de qiutian.

2. 请看着汉字读诗歌，注意声调。

我爱金色的秋天

碧空天高云淡，
大地阳光灿烂，
山披红，
水湛蓝，
果满枝，
瓜满园。
苹果像红花朵朵，
葡萄像珍珠串串。
谷穗儿迎风起舞，
棉桃儿绽开笑脸。
北国枫叶红，
西湖菊花艳，
东海鱼儿肥，
南疆荔枝甜。
我爱丰收的季节，
我爱金色的秋天。

课后自测题
After Class Self-test Exercises

一、双音词自测题 Exercises on Disyllabic Words

(一) 请边听边在双音词右边写出声母 Please listen and write down the initials on the right of each disyllabic word

1. 号码儿（　）（　）　　2. 在哪儿（　）（　）
3. 一下儿（　）（　）　　4. 山歌儿（　）（　）
5. 树叶儿（　）（　）　　6. 火锅儿（　）（　）
7. 小说儿（　）（　）　　8. 灯泡儿（　）（　）
9. 红包儿（　）（　）　　10. 口罩儿（　）（　）
11. 豆角儿（　）（　）　　12. 老头儿（　）（　）
13. 纽扣儿（　）（　）　　14. 加油儿（　）（　）
15. 小偷儿（　）（　）　　16. 名牌儿（　）（　）
17. 小孩儿（　）（　）　　18. 一会儿（　）（　）

(二) 请边听边在双音词右边写出韵母 Please listen and write down the finals on the right of each disyllabic word

1. 号码儿（　）（　）　　2. 在哪儿（　）（　）
3. 一下儿（　）（　）　　4. 山歌儿（　）（　）
5. 树叶儿（　）（　）　　6. 火锅儿（　）（　）
7. 小说儿（　）（　）　　8. 灯泡儿（　）（　）
9. 红包儿（　）（　）　　10. 口罩儿（　）（　）
11. 豆角儿（　）（　）　　12. 老头儿（　）（　）
13. 纽扣儿（　）（　）　　14. 加油儿（　）（　）
15. 小偷儿（　）（　）　　16. 名牌儿（　）（　）
17. 小孩儿（　）（　）　　18. 一会儿（　）（　）

(三) 请边听边在双音词上方标出声调 Please listen and mark the tones on the top of each disyllabic word

1. 号码儿   2. 在哪儿   3. 一下儿   4. 山歌儿

5. 树叶儿   6. 火锅儿   7. 小说儿   8. 灯泡儿

9. 红包儿   10. 口罩儿   11. 豆角儿   12. 老头儿

13. 纽扣儿   14. 加油儿   15. 小偷儿   16. 名牌儿

17. 小孩儿   18. 一会儿

二、句子自测题 Exercises on Sentences

(一) 请边听边在句中汉字右边写出声母 Please listen and write down the initials on the right of each character in the sentences

1. 我(　)们(　)今(　)天(　)下(　)午(　)买(　)了(　)一(　)个(　)小(　)花(　)盆儿(　)。

2. 一(　)个(　)老(　)头儿(　)正(　)拿(　)着(　)鱼(　)竿儿(　)钓(　)鱼(　)呢(　)。

3. 桌儿(　)上(　)的(　)花(　)瓶儿(　)里(　)插(　)着(　)一(　)些(　)菊(　)花儿(　)。

4. 你(　)要(　)是(　)有(　)空儿(　)，就(　)到(　)我(　)家(　)来(　)玩儿(　)，咱(　)俩(　)聊(　)聊(　)天儿(　)。

5. 他(　)一(　)直(　)在(　)河(　)边儿(　)来(　)回(　)走(　)，不(　)知(　)发(　)生(　)了(　)什(　)么(　)事儿(　)。

(二) 请边听边在句中汉字右边写出韵母 Please listen and write down the finals on the right of each character in the sentences

1. 我(　)们(　)今(　)天(　)下(　)午(　)买(　)了(　)一

  (　)个(　)小(　)花(　)盆儿(　)。

2. 一(　)个(　)老(　)头儿(　)正(　)拿(　)着(　)鱼(　)竿儿(　)钓(　)鱼(　)呢(　)。

3. 桌儿(　)上(　)的(　)花(　)瓶儿(　)里(　)插(　)着(　)一(　)些(　)菊(　)花儿(　)。

4. 你(　)要(　)是(　)有(　)空儿(　),就(　)到(　)我(　)家(　)来(　)玩儿(　),咱(　)俩(　)聊(　)聊(　)天儿(　)。

5. 他(　)一(　)直(　)在(　)河(　)边儿(　)来(　)回(　)走(　),不(　)知(　)发(　)生(　)了(　)什(　)么(　)事儿(　)。

(三) 请边听边在句中汉字上方标出声调 Please listen and mark the tones on the top of each character in the sentences

1. 我们今天下午买了一个小花盆儿。

2. 一个老头儿正拿着鱼竿儿钓鱼呢。

3. 桌儿上的花瓶儿里插着一些菊花儿。

4. 你要是有空儿,就到我家来玩儿,咱俩聊聊天儿。

5. 他一直在河边儿来回走,不知发生了什么事儿。

第八课 "啊"的音变

Lesson Eight　The Changes in the Pronunciation of "啊"

"啊（a）"韵母,常受到前一音节韵母或韵尾的影响而发生不同的音变,这时要在"啊（a）"音前增加一个音素。这些"啊"的音变在书面上有时用不同的汉字表示,有时只写"啊",但读或说时应按"啊"的音变规律去读或说。

"啊"的6种音变　The 6 Changes in the Pronunciation of "啊"

（一）"啊"读成 ya

如果前一音节的韵母或韵尾是 a、o、e、ê、i、ü,"啊"就读成 ia,拼写时写作 ya,有时汉字用"呀"表示。

请跟读:

chá ya	（查啊 / 呀）	jiā ya	（家啊 / 呀）
kě ya	（渴啊 / 呀）	lè ya	（乐啊 / 呀）
pō ya	（泼啊 / 呀）	qǐ ya	（起啊 / 呀）
qù ya	（去啊 / 呀）	tí ya	（提啊 / 呀）
tiē ya	（贴啊 / 呀）	tuō ya	（脱啊 / 呀）
xié ya	（鞋啊 / 呀）	yǔ ya	（雨啊 / 呀）

（二）"啊"读成 wa

如果前一音节的韵母或韵尾是 u、ao 或 ou,"啊"就读成 ua,拼写时写作 wa,汉字可以用"哇"表示。

请跟读:

hǔ wa	（虎哇）	kǔ wa	（苦哇）
shòu wa	（瘦哇）	qiú wa	（球哇）

| hǎo wa | （好哇） | hào wa | （耗哇） |
| yào wa | （要哇） | tiào wa | （跳哇） |

（三）"啊"读成 na

如果前一音节韵尾是 -n，"啊"就读成 na，拼写时写作 na，汉字可以用"哪"表示。

请跟读：

màn na	（慢哪）	yàn na	（咽哪）
huàn na	（换哪）	yuàn na	（怨哪）
bèn na	（笨哪）	qīn na	（亲哪）
wèn na	（问哪）	yùn na	（运哪）

（四）"啊"读成 nga

如果前一音节韵尾是 -ng，"啊"就读成 nga，拼写时一般仍写 a，也可写作 nga，汉字仍用"啊"表示。

请跟读：

máng nga	（忙啊）	yáng nga	（洋啊）
zhuàng nga	（撞啊）	lěng nga	（冷啊）
tīng nga	（听啊）	wèng nga	（瓮啊）

（五）"啊"读成[z] a

如果前一音节的韵母是 -i [ɿ]，"啊"就读成[z] a，拼写时写作 a，汉字仍用"啊"表示。

请跟读：

zì [z]a（字啊）　　cí [z]a（词啊）　　sī [z]a（撕啊）

（六）"啊"读成 ra

如果前一音节的韵母是 -i [ʅ]，"啊"就读成 ra，拼写时写作 a，汉字仍用"啊"表示。

请跟读：

第八课 "啊"的音变

zhǐ ra（纸啊）　　　chī ra（吃啊）　　　shì ra（是啊）

综合练习
Comprehensive Exercises

一、"啊"的音变　The Changes in the Pronunciation of "啊"

1. 请跟读，注意"啊"音变和声调。

bié tuō ya	（别脱呀）	bié sī [z]a	（别撕啊）
dǎ qiú wa	（打球哇）	duō lè ya	（多乐呀）
duō màn na	（多慢哪）	duō chī ra	（多吃啊）
hǎo lěng nga	（好冷啊）	hěn shòu wa	（很瘦哇）
huí jiā ya	（回家呀）	jiù shì ra	（就是啊）
kuài qǐ ya	（快起呀）	kuài qīn na	（快亲哪）
yí cì [z]a	（一次啊）	zài tiē ya	（再贴呀）
zhēn kě ya	（真渴呀）	zhēn máng nga	（真忙啊）

2. 请边听边选出听到的短语。

（1）A. duō chī ra　　　B. duō chī [z]a
（2）A. bié shuō wa　　B. bié shuō ya
（3）A. zhēn máng na　B. zhēn máng nga
（4）A. dǎ qiú wa　　　B. dǎ qiú na
（5）A. zhēn kě na　　　B. zhēn kě ya
（6）A. hǎo lěng nga　　B. hǎo lěng na
（7）A. bié sī [z]a　　　B. bié sī ra
（8）A. huí jiā wa　　　B. huí jiā ya
（9）A. kuài qǐ ya　　　B. kuài qǐ ra
（10）A. hěn shòu ya　　B. hěn shòu wa

二、句子 Sentences

1. 请边听边在横线上写出听到的音节，然后跟读。

(1) Qīngchén, xiǎo niǎo biàn chǎngkāi měilì de gēhóu,_____ _____ chàng, yīngyīng yǒu yùn.

(2) _____ _____, wǒmen yǒu zìjǐ de zǔguó, xiǎo niǎo yě yǒu tā de guīsù.

(3) Tàiyáng tā yǒu_____ _____, qīngqīngqiāoqiāo de nuóyí le; wǒ yě mángmángrán gēnzhe xuánzhuǎn.

(4) Wǒ wèi shénme piān báibái zǒu zhè yì_____ _____?

(5) Wǒ hǎo xiànmù _____ _____ _____.

(6) Cǎi yànwō de juéjì, yí dàidài de chuán xialai le, kě zhēn shì yì fāng shuǐtǔ yǎng yì fāng _____ _____.

(7) Mǎn qiáo háo xiào mǎn qiáo _____ _____!

(8) Diēdǎo le, cóng tóu gàn, zhēn shì bǎi zhé bù _____ _____!

(9) Tā shuō: "_____ _____."

(10) Jiāowài de jǐngsè zhēn_____ _____!

2. 请边听边在音节上方标出声调，然后跟读。

(1) Jiaowai de jingse zhen mei ya!

(2) Ta shuo: "Xing nga."

（3）Diedao le, cong tou gan, zhen shi bai zhe bu hui ya!

（4）Man qiao hao xiao man qiao ge ya!

（5）Cai yanwo de jueji, yi daidai de chuan xialai le, ke zhen shi yi fang shuitu yang yi fang ren na.

（6）Wo hao xianmu tamen na.

（7）Wo wei shenme pian baibai zou zhe yi zao wa?

（8）Taiyang ta you jiao wa, qingqingqiaoqiao de nuoyi le; wo ye mangmangran genzhe xuanzhuan.

（9）Qingchen, xiao niao bian changkai meili de gehou, chang nga chang, yingying you yun.

（10）Shi ra, women you ziji de zuguo, xiao niao ye you ta de guisu.

三、顺口溜 Jingles

《大嘴姑娘》

1. 请先用横线标出"啊"音节,然后边听边给顺口溜的拼音标出声调,最后跟读。

Da zui guniang

　　Yi ge da zui guniang, weile rang zui xian de xiao dianr, shuohua shi, zong tiao dai "u" yunmu de zi shuo.

　　A: Nin guixing nga?

　　B: Wo xing Gu.

A: Nin jiao shenme mingzi [z]a?

B: Wo jiao Gu Su.

A: Nin jinnian duo da le?

B: Ershiwu.

A: Nin zai nar gongzuo ya?

B: Zai julebu.

A: Nin fuze shenme huodong nga?

B: Guan tiaowu.

A: Nin hui shenme yueqi ya?

B: Hui da gu.

A: Nin hai hui shenme ya?

B: La erhu.

A: Nin gangcai qu nar le?

B: Zahuo pu.

A: Nin maile shenme ya?

B: Yi ping cu.

A: Nin de tibao zenme shi le?

B: Aiya, bu hao la, cu quan sa la.

2. 请边看汉字边跟读顺口溜，注意声调。

大嘴姑娘

一个大嘴姑娘，为了让嘴显得小点儿，说话时，总挑带"u"韵母的字说。

A：您贵姓啊？
B：我姓顾。
A：您叫什么名字啊？
B：我叫顾素。
A：您今年多大了？
B：二十五。
A：您在哪儿工作呀？
B：在俱乐部。
A：您负责什么活动啊？
B：管跳舞。
A：您会什么乐器呀？
B：会打鼓。
A：您还会什么呀？
B：拉二胡。
A：您刚才去哪儿了？
B：杂货铺。
A：您买了什么呀？
B：一瓶醋。
A：您的提包怎么湿了？
B：哎呀，不好啦，醋全洒啦。

四、谜语和诗歌　Riddles and Poems

（一）字谜

1. 请边听边给字谜的拼音标出声调，并猜一猜。

   Liang er dou neng tingdao wa.　　　（dǎ yí zì）

   汉字：两耳都能听到哇。　　　　　　　（打一字）

2. 下面哪个选项是谜底？
   A. 耸 sǒng　　B. 耶 yē　　C. 取 qǔ

（二）谜语

1. 请边听边给谜语的拼音标出声调，并猜一猜。

   Wu ge xiongdi ya,

   Zhu zai yiqi ya,

   Mingzi bu tong nga,

   Gao'ai bu qi ya.　　　（dǎ shēntǐ de mǒu bùfen）

   汉字：五个兄弟呀，
   　　　住在一起呀，
   　　　名字不同啊，
   　　　高矮不齐呀。　　　　（打身体的某部分）

2. 下面哪个选项是谜底？
   A. 五官 wǔguān　　B. 五指 wǔzhǐ　　C. 五脏 wǔzàng

（三）诗歌：《田野的早晨》

1. 请先用横线标出"啊"音节，然后边听边给诗歌的拼音标出声调，最后跟读。

   Tianye de zaochen

   Tianye shang shengqi de taiyang nga,

   Yinghongle wo de juanlian.

   Hong ri cong wo xindi de dipingxian yuechu wa,

Ta yao qu hao yuan hao yuan de difang.

Kuangye shang yi lü dai xiang qi de qing sha ya,

Chuikaile tianye de damen.

Zaochen hua zuo yi ke luzhu yinqule ya,

Zenme ye zhao bu dao ta zai nar.

Zhiyou cong cunshe zouchu de renmen na,

Qing tazhe sichu de fenfang.

Wo de gesheng huanraozhe jiaxiang de shulin na,

Zhichengle yi zhang touming de da wang.

Wo ba quanbu de ai ya,

Gezhi zai jiaxiang de mei yi pian ye, mei yi ke cao,

  mei yi kuai tianye shang.

O, li bu kai de jiaxiang nga!

2. 请看着汉字读诗歌，注意声调。

田野的早晨

田野上升起的太阳啊，
映红了我的眷恋。
红日从我心底的地平线跃出哇，

她要去好远好远的地方。
旷野上一缕带香气的青纱呀,
吹开了田野的大门。
早晨化做一颗露珠隐去了呀,
怎么也找不到它在哪儿。
只有从村舍走出的人们哪,
轻踏着四处的芬芳。
我的歌声环绕着家乡的树林哪,
织成了一张透明的大网。
我把全部的爱呀,
搁置在家乡的每一片叶,每一棵草,每一块田野上。
哦,离不开的家乡啊!

课后自测题
After Class Self-test Exercises

句尾"啊"音变自测题 Exercises on the Changes in the Pronunciation of "啊" at the End of Sentences

（一）请边听边在句中汉字右边写出声母 Please listen and write down the initials on the right of each character in the sentences

1. 你（　）快（　）记（　）下（　）来（　）呀（　）!
2. 外（　）边（　）冷（　）,你（　）别（　）脱（　）呀（　）!
3. 你（　）真（　）忙（　）啊（　）!
4. 真（　）渴（　）呀（　）! 有（　）喝（　）的（　）吗（　）?
5. 画（　）得（　）挺（　）好（　）的（　）,别（　）撕（　）啊（　）!
6. 衣（　）服（　）早（　）送（　）来（　）了（　）,你（　）还（　）没（　）换（　）哪（　）!
7. 这（　）种（　）中（　）药（　）的（　）味（　）道（　）可（　）真（　）苦（　）哇（　）!

第八课 "啊"的音变

(二) 请边听边在句中汉字右边写出韵母 Please listen and write down the finals on the right of each character in the sentences

1. 你(　)快(　)记(　)下(　)来(　)呀(　)!
2. 外(　)边(　)冷(　),你(　)别(　)脱(　)呀(　)!
3. 你(　)真(　)忙(　)啊(　)!
4. 真(　)渴(　)呀(　)! 有(　)喝(　)的(　)吗(　)?
5. 画(　)得(　)挺(　)好(　)的(　),别(　)撕(　)啊(　)!
6. 衣(　)服(　)早(　)送(　)来(　)了(　),你(　)还(　)没(　)(　)换(　)哪(　)!
7. 这(　)种(　)中(　)药(　)的(　)味(　)道(　)可(　)真(　)(　)苦(　)哇(　)!

(三) 请边听边在句中汉字上方标出声调 Please listen and mark the tones on the top of each character in the sentences

1. 你快记下来呀!

2. 外边冷,你别脱呀!

3. 你真忙啊!

4. 真渴呀! 有喝的吗?

5. 画得挺好的,别撕啊!

6. 衣服早送来了,你还没换哪!

7. 这种中药的味道可真苦哇!

第九课　语调
Lesson Nine　Intonation

一句话里语音轻重、快慢和高低的变化叫语调。语调包括"重音""停顿""句调"三部分。

一、重音　Stresses

（一）双音词重音

1. 前音节重读

请跟读：

tàiyáng （太阳）	zhàogù （照顾）
cōngming （聪明）	wàngjì （忘记）
tóufa （头发）	dǎban （打扮）
dōngxi （东西）	dòufu （豆腐）

2. 后音节重读

请跟读：

shǒubiǎo （手表）	qìchē （汽车）
pǔbiàn （普遍）	chōngzhuàng （冲撞）
zuòzhě （作者）	xīnshǎng （欣赏）
sīxiǎng （思想）	gōnghuì （工会）

练习 1
Exercises 1

请边听边用横线标出重读音节,然后跟读。

(1) mùtou　（木头）　(2) yīfu　　（衣服）　(3) lǎngdú　（朗读）

(4) yìsi　　（意思）　(5) qīngchu（清楚）　(6) pǎo bù　（跑步）

(7) tèdiǎn　（特点）　(8) kěkǒu　（可口）　(9) chēzhàn（车站）

(10) cāochǎng（操场）

(二) 语法重音

1. 谓语重读

请跟读：

(1) Tā zǒu le.　　　　　　　他走了。

(2) Zhè běn shū hǎo.　　　　这本书好。

(3) Tā bàba shì gōngrén.　　他爸爸是工人。

(4) Jīntiān xīngqīsān.　　　今天星期三。

2. 宾语重读

请跟读：

(1) Wǒ kàn diànshì.　　　　　　我看电视。

(2) Tā qù mǎi yóupiào.　　　　他去买邮票。

(3) Mèimei chéngle dàxuéshēng.　妹妹成了大学生。

3. 状语、补语重读
请跟读：

（1）Wǒ chángcháng qù gōngyuán.　　我常常去公园。

（2）Tā yǐjīng chī le.　　他已经吃了。

（3）Wǒ bǐ tā qiáng de duō.　　我比他强得多。

4. 疑问词重读
请跟读：

（1）Shuí qù Shànghǎi?　　谁去上海？

（2）Nǐ qù nǎr?　　你去哪儿？

（3）Wǒmen xiànzài zěnme zǒu?　　我们现在怎么走？

（4）Zhè shì shénme dōngxi?　　这是什么东西？

（5）Nín de shēntǐ zěnmeyàng?　　您的身体怎么样？

5. 强调成分重读
请跟读：

（1）Wǒ jīntiān bù xiǎng chī wǎnfàn.　　我今天不想吃晚饭。

（2）Wǒ jīntiān bù xiǎng chī wǎnfàn.　　我今天不想吃晚饭。

（3）Wǒ jīntiān bù xiǎng chī wǎnfàn.　　我今天不想吃晚饭。

（4）Wǒ jīntiān bù xiǎng chī wǎnfàn.　　我今天不想吃晚饭。

（5）Wǒ jīntiān bù xiǎng chī wǎnfàn.　　我今天不想吃晚饭。

6. 对比成分重读

请跟读：

(1) Nǐ yàoshi bú qù, wǒ jiù qù ba. 你要是不去，我就去吧。

(2) Cóngqián shēnghuó hěn kǔ, xiànzài hǎo duō le.

从前生活很苦，现在好多了。

练习 2
Exercises 2

请边听边用横线标出句中重读部分，然后跟读。

(1) Tā shì shuí?

(2) Nǐmen gāngcái shàng nǎr qù le?

(3) Zhè zhǒng dōngxi zěnme chī?

(4) Jīntiān rè, zuótiān lěng.

(5) Wǒ shūshu shì jiàoshòu.

二、停顿 Pauses

说话时语句中间、段落之间的间歇叫停顿。短时间停顿用"/"表示，稍长时间停顿用"//"表示，较长时间停顿用"///"表示。

(一) 句法停顿

一句话停顿的地方不同，表达的意思也就不同。

请跟读：

(1) Tāmen kàn le, // gōngchéngshī kàn le, // xiūlǐchǎng de chǎngzhǎng yě kàn le, // zǒng jīnglǐ hái yòng shǒu qù mōmo. ///

他们看了，//工程师看了，//修理厂的厂长也看了，//总经理还用手去摸摸。///

(2) Tāmen kànle gōngchéngshī, // kànle xiūlǐchǎng de chǎngzhǎng, // yě kànle zǒng jīnglǐ, // hái yòng shǒu qù mōmo. ///

他们看了工程师，//看了修理厂的厂长，//也看了总经理，//还用手去摸摸。///

(二) 意群停顿

一句话中由于语义上的要求而划分的小段落，就叫做意群。说话和朗读中的停顿，大体都是出现在意群后面的。

请跟读：

(1) Nuǎnhuo de tàiyáng / zhàoshèzhe / píngjìng de húshuǐ.

暖和的太阳 / 照射着 / 平静的湖水。

(2) Tā xǐhuan / pǔtōng rén de shēnghuó.

她喜欢 / 普通人的生活。

(3) Bái xiǎojiě, nǐ / yào néng bāng máng / ràng wǒ guò zhè yì guān, nǐ / yào shénme / dōu bāo zài wǒ shēnshang, yuànyì qù Xiānggǎng / yě xíng.

白小姐，你 / 要能帮忙 / 让我过这一关，你 / 要什么 / 都包在我身上，愿意去香港 / 也行。

(4) Nín / xiān bié huǒ. Ànshuō, bù xiǎoxīn zále ge bēizi / péi yí kuài qī jiù xíng le, kě tā / shì yǒuyì shuāi de, suǒyǐ / àn guīdìng, péi wǔ kuài.

您 / 先别火。按说，不小心砸了个杯子 / 赔一块七就行了，可他 / 是有意摔的，所以 / 按规定，赔五块。

(5) Xiǎo Chén / bāngle wǒ / hǎoduō cì, xiànzài / tā lái zhǎo wǒ, wǒ / hǎoyìsi jùjué ma?

小陈 / 帮了我 / 好多次，现在 / 他来找我，我 / 好意思拒绝吗？

练习 3
Exercises 3

请用两种停顿的方法念下面的句子。

(1) Tā zhǎoguo Xiǎo Wáng, // zhǎoguo Lǎo Zhāng, // yě zhǎoguo nàge háizi. ///

他找过小王,//找过老张,//也找过那个孩子。///

(2) Tā zhǎoguo, // Xiǎo Wáng zhǎoguo, // Lǎo Zhāng yě zhǎoguo nàge háizi. ///

他找过,//小王找过,//老张也找过那个孩子。///

三、句调 The Tunes of Sentences

句调是指一句话音高升降的变化。一般把句调分为四类。

(一) 平直调

平直调多用于表示严肃、冷淡、叙述等语气。(可用"→"号表示)

请跟读:

(1) Míngtiān kǎo shì, bùxǔ chídào. →
    明天考试,不许迟到。→(严肃)

(2) Zhè jiàn shì wǒ bù guǎn, nǐ kànzhe bàn ba! →
    这件事我不管,你看着办吧!→(冷淡)

(3) Tā shì Tàiguó liúxuéshēng. →
    他是泰国留学生。→(叙述)

(二) 高升调

高升调多用于表示反问、疑问、惊异、号召等语气。(可用"↑"号表示)

请跟读:

(1) Zhè ge zì, nǐ yě néng xiěcuò? ↑
    这个字,你也能写错?↑(反问)

(2) Xiǎo Wáng jīntiān láile ma? ↑
    小王今天来了吗?↑(疑问)

(3) Zhè běn shū, shì nǐ xiě de! ↑
这本书，是你写的！↑（惊异）

(4) Quán shìjiè rénmín tuánjié qilai! ↑
全世界人民团结起来！↑（号召）

(三) 曲折调

曲折调多用于表示含蓄、讽刺、意在言外等语气。（可用"↑"或"↓"号表示）
请跟读：

(1) A：Nǐ de māma zěnmeyàng le?
你的妈妈怎么样了？
B：Tā yǐjīng zǒu le. ↓
她已经走了。↓（含蓄）

(2) Jíshǐ wǒ sǐ le, duì nǐ yòu yǒu shénme hǎochu ne? ↑
即使我死了，对你又有什么好处呢？↑（讽刺）

(3) Dāng sān ge nǚzǐ cóngróng de miàn duì dírén de qiāngkǒu bú jùpà shí, zhè shì zěnyàng yí ge jīng xīn dòng pò de wěidà ya! ↓
当三个女子从容地面对敌人的枪口不惧怕时，这是怎样一个惊心动魄的伟大呀！↓（意在言外）

(四) 低降调

低降调多用于肯定、感叹、请求等语气。（可用"↓"号表示）
请跟读：

(1) Zhè jiàn shì wǒ yídìng néng bàn hǎo. ↓
这件事我一定能办好。↓（肯定）

(2) Zhèr de fēngjǐng zhēn shì tài měi le! ↓
这儿的风景真是太美了！↓（感叹）

(3) Bù zǎo le, ràng háizi shuì ba! ↓
不早了，让孩子睡吧！↓（请求）

练习 4
Exercises 4

请在横线上用符号(→、↑、↓)标出句子的语调,并跟读。

(1) Tā jīnnián shíbā suì, shì ge dàxuéshēng_____.
    他今年十八岁,是个大学生。

(2) Dōu yǒu jí shì, dōu bù pái duì, hái xiànghuà_____ma?
    都有急事,都不排队,还像话吗?

(3) Sìyí, nǐ jīntiān ràng wǒ lái yǒu shénme shì_____ma?
    四姨,你今天让我来有什么事吗?

(4) Nǐmen bǎ wūzi nòng de zhème luàn, kàn māma huílai pīpíng bu pīpíng nǐ_____.
    你们把屋子弄得这么乱,看妈妈回来批评不批评你。

(5) Tā yě shì lǎoshī_____?
    他也是老师?

(6) Ràng xiǎo gǒu xiān chūqu_____ba.
    让小狗先出去吧。

(7) Hái chī ne, zài chī jiù pàng de zǒu bu dòng_____le.
    还吃呢,再吃就胖得走不动了。

综合练习
Comprehensive Exercises

一、谜语和古诗 Riddles and Ancient Poems

(一) 字谜

1. 请边听边给字谜的拼音标出声调,并猜一猜。

   Mingming you ren xiang ban,
   Que hai bu gou yi ren.   (dǎ yí zì)

   汉字:明明有人相伴,
        却还不够一人。   (打一字)

2. 下面哪个选项是谜底？

A. 什 shén　B. 伴 bàn　C. 仁 rén

（二）谜语

1. 请边听边给谜语的拼音标出声调，并猜一猜。

Wuzi fangfang,

You men mei chuang,

Wu wai hen re,

Wu li bingshuang.　　(dǎ yí wù)

> 汉字：屋子方方，
> 　　　有门没窗，
> 　　　屋外很热，
> 　　　屋里冰霜。　　　　（打一物）

2. 下面哪个选项是谜底？

A. 电脑 diànnǎo　B. 电视机 diànshìjī　C. 电冰箱 diànbīngxiāng

（三）古诗一：《山居秋暝》

1. 请边听边给古诗的拼音标出声调，然后跟读。

Shan ju qiu ming (Wang Wei)

Kong shan xin yu hou,

Tianqi wan lai qiu.

Ming yue song jian zhao,

Qingquan shi shang liu.

Zhu xuan gui huan nü,

Lian dong xia yuzhou.

Suiyi chun fang xie,

Wangsun zi ke liu.

2. 请看着汉字读古诗，注意声调。

山居秋暝（王维）

空山新雨后，	雨后的空山一片寂静，
天气晚来秋。	初秋的傍晚空气清新。
明月松间照，	洁白的月光洒满松树之间，
清泉石上流。	清清的泉水流淌在山石之上。
竹喧归浣女，	竹林里的阵阵笑声是洗衣女子们归来，
莲动下渔舟。	水上的莲花摇动是渔船沿流而下。
随意春芳歇，	此时山中的花已经凋谢，
王孙自可留。	但是我仍愿留在这里隐居下去。

（四）古诗二：《泊船瓜洲》

1. 请边听边给古诗的拼音标出声调，然后跟读。

Bo chuan Gua Zhou (Wang Anshi)

Jingkou Guazhou yi shui jian,

Zhongshan zhi ge shu chong shan.

Chunfeng you lü jiangnan an,

ming yue he shi zhao wo huan.

2. 请看着汉字读古诗，注意声调。

泊船瓜洲（王安石）

| 京口瓜洲一水间， | 京口、瓜洲一江之隔， |
| 钟山只隔数重山。 | 离钟山也只隔几座山。 |

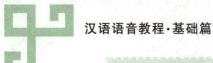

> 春风又绿江南岸，　　和煦的春风又吹绿了江南大地，
> 明月何时照我还。　　明月啊，什么时候才能伴随着我回到故乡呢？

二、短文 Short Article

1. 请边听边给下面短文句子的拼音标出声调，然后跟读。

(1) You yi wei chuanzhang, dang ta de lunchuan fanhang shi, turan yudaole hen da de fengbao.

(2) Shuishoumen you jinzhang you haipa.

(3) Lao chuanzhang guoduan de rang shuishoumen like dakai huocang, rang shui jin chuan.

(4) Chuanzhang shi bu shi bing le, wang chuan li fang shui, zhi hui zengjia chuan de yali, shi chuan xia chen, zhe bu shi deng si ma?

(5) Kanzhe chuanzhang yanli de yangzi, shuishoumen haishi zhao zuo le.

(6) Suizhe huocang de shuiwei yue sheng yue gao, suizhe chuan yidianr yidianr de xia chen, menglie de fenglang dui chuan de weixie ye zai yidianr yidianr de jianshao, chuan pingwen le.

(7) Bai dun de chuan hen shao you bei dafan de, bei dafan de dou shi genji qing de xiao chuan.

(8) Chuan zai fuzhong shi, shi zui anquan de, kong de chuan, cai shi zui weixian de.

(9) Zhe jiu shi "yali xiaoying".

(10) Naxie meiyou yali de ren, jiu xiang kong chuan yiyang, zhiyao you yidianr fenglang, jiu hui bei dafan.

2. 请边听边用"/"、"//"、"///"标出下面短文的停顿,然后边听边在短文每个字上方标出声调,最后跟读。

压 力

有一位船长,当他的轮船返航时,突然遇到了很大的风暴。水手们又紧张又害怕,老船长果断地让水手们立刻打开货舱,让水进船。"船长是不是病了,往船里放水,只会增加船的压力,使船下沉,这不是等死吗?"一个年轻的水手小声地说。

看着船长严厉的样子,水手们还是照做了。随着货舱的水位越升越高,随着船一点儿一点儿地下沉,猛烈的风浪对船的威胁也在一点儿一点儿地减少,船平稳了。

船长望着放了心的水手们说:"百吨的船很少有被打翻的,被打翻的都是根基轻的小船。船在负重时,是最安全的,空的船,才是最危险的。"

这就是"压力效应"。那些没有压力的人,就像空船一样,只要有一点风浪,就会被打翻。

3. 请跟读拼音短文。

Yā lì

　　Yǒu yí wèi chuánzhǎng, dāng tā de lúnchuán fǎnháng shí, tūrán yùdào le hěn dà de fēngbào. Shuǐshǒumen yòu jǐnzhāng yòu hàipà, lǎo chuánzhǎng guǒduàn de ràng shuǐshǒumen lìkè dǎkāi huòcāng, ràng shuǐ jìn chuán. "Chuánzhǎng shì bu shì bìng le, wǎng chuán lǐ fàng shuǐ, zhǐ huì zēngjiā chuán de yālì, shǐ chuán xià chén, zhè bú shì děng sǐ ma?"Yí ge niánqīng de shuǐshǒu xiǎo shēng de shuō.

　　Kànzhe chuánzhǎng yánlì de yàngzi, shuǐshǒumen háishi zhào zuò le. Suízhe huòcāng de shuǐwèi yuè shēng yuè gāo, suízhe chuán yìdiǎnr yìdiǎnr de xià chén, měngliè de fēnglàng duì chuán de wēixié yě zài yìdiǎnr yìdiǎnr de jiǎnshǎo, chuán píngwěn le.

　　Chuánzhǎng wàngzhe fàngle xīn de shuǐshǒumen shuō:"Bǎi dūn de chuán hěn shǎo yǒu bèi dǎfān de, bèi dǎfān de dōu shì gēnjī qīng de xiǎo chuán. Chuán zài fùzhòng shí, shì zuì ānquán de, kōng de chuán, cái shì zuì wēixiǎn de."

　　Zhè jiù shì "yālì xiàoyìng". Nàxiē méiyǒu yālì de rén, jiù xiàng kōng chuán yíyàng, zhǐyào yǒu yìdiǎnr fēnglàng, jiù huì bèi dǎfān.

生 词　New Words

压力	yālì	（名）	pressure	壓力 압력
船长	chuánzhǎng	（名）	captain; skipper	船長 선장
轮船	lúnchuán	（名）	steamship	汽船 (증)기선
返航	fǎnháng	（动）	(of ships) return to port	帰航する 귀항하다
突然	tūrán	（形）	suddenly	突然 갑자기
遇	yù	（动）	meet; come across	逢う (우연히)만나다
风暴	fēngbào	（名）	storm	嵐 폭풍(우)
紧张	jǐnzhāng	（形）	nervous	緊張する 긴장하다
害怕	hàipà	（动）	be scared; be afraid	怖がる 무서워하다
果断	guǒduàn	（形）	decisive	きっぱり 과단성있다

第九课　语调

货舱	huòcāng	（名）	(cargo) hold	船倉 화물칸
增加	zēngjiā	（动）	increase	増す 증가하다
沉	chén	（动）	sink	沈む 가라앉다
严厉	yánlì	（形）	severe	厳しい 호되다
升	shēng	（动）	rise	上がる，昇る 오르다
猛烈	měngliè	（形）	violent	猛烈な 맹렬하다
风浪	fēnglàng	（名）	stormy waves	風浪 풍랑
威胁	wēixié	（名）	threat	脅かす 위협
减少	jiǎnshǎo	（动）	reduce; decrease	減る 줄어들다
平稳	píngwěn	（形）	smooth and steady	平穏な 평온하다
根基	gēnjī	（名）	foundation	根底 기초
负重	fùzhòng	（动）	carry a heavy load	重荷を負う (무거운 짐을) 짊어지다, 중책을 맡다
空	kōng	（形）	empty	から (텅)비다
危险	wēixiǎn	（形）	dangerous	危ない 위험하다
效应	xiàoyìng	（名）	effect	効果 효과

课后自测题
After Class Self-test Exercises

一、双音词自测题 Exercises on Disyllabic Words

(一) 请边听边在双音词右边写出声母，注意重音 Please listen and write down the initials on the right of each disyllabic word, and pay attention to the words' stresses

1. 胜利（　）（　）　　2. 最好（　）（　）
3. 遵守（　）（　）　　4. 总理（　）（　）
5. 制服（　）（　）　　6. 无限（　）（　）
7. 青春（　）（　）　　8. 未来（　）（　）
9. 朗读（　）（　）　　10. 我们（　）（　）
11. 桌子（　）（　）　　12. 看看（　）（　）

(二) 请边听边在双音词右边写出韵母，注意重音 Please listen and write down the finals on the right of the disyllabic words, and pay attention to the words' stresses

1. 胜利（　）（　）　　2. 最好（　）（　）
3. 遵守（　）（　）　　4. 总理（　）（　）
5. 制服（　）（　）　　6. 无限（　）（　）
7. 青春（　）（　）　　8. 未来（　）（　）
9. 朗读（　）（　）　　10. 我们（　）（　）
11. 桌子（　）（　）　　12. 看看（　）（　）

(三) 请边听边在双音词上方标出声调 Please listen and mark the tones on the top of each disyllabic word

1. 胜利　　2. 最好　　3. 遵守　　4. 总理

5. 制服　　6. 无限　　7. 青春　　8. 未来

9. 看看   10. 我们   11. 桌子   12. 朗读

二、句子自测题 Exercises on Sentences

(一) 请边听边在句中汉字右边写出声母，注意语调 Please listen and write down the initials on the right of each character in the sentences, and pay attention to the intonation

1. 这(　)事(　)你(　)看(　)着(　)办(　)吧(　)！→
2. 难(　)道(　)我(　)不(　)能(　)去(　)吗(　)？↗
3. 你(　)休(　)息(　)一(　)下(　)，别(　)累(　)坏(　)了(　)。↘
4. 你(　)呀(　)你(　)呀(　)，怎(　)么(　)老(　)记(　)不(　)住(　)？↗
5. 哥(　)哥(　)一(　)点儿(　)也(　)不(　)急(　)。↗
6. 他(　)看(　)了(　)一(　)眼(　)。→
7. 她(　)很(　)喜(　)欢(　)这(　)条(　)裙(　)子(　)。↘
8. 这(　)本(　)书(　)好(　)极(　)了(　)。↗

(二) 请边听边在句中汉字右边写出韵母，注意语调 Please listen and write down the finals on the right of each character in the sentences, and pay attention to the intonation

1. 这(　)事(　)你(　)看(　)着(　)办(　)吧(　)！→
2. 难(　)道(　)我(　)不(　)能(　)去(　)吗(　)？↗
3. 你(　)休(　)息(　)一(　)下(　)，别(　)累(　)坏(　)了(　)。↘
4. 你(　)呀(　)你(　)呀(　)，怎(　)么(　)老(　)记(　)不(　)住(　)？↗
5. 哥(　)哥(　)一(　)点儿(　)也(　)不(　)急(　)。↗
6. 他(　)看(　)了(　)一(　)眼(　)。→
7. 她(　)很(　)喜(　)欢(　)这(　)条(　)裙(　)子(　)。↘
8. 这(　)本(　)书(　)好(　)极(　)了(　)。↗

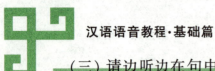

（三）请边听边在句中汉字上方标出声调，注意语调　Please listen and mark the tones on the top of each character in the sentences, and pay attention to the intonation

1. 这事你看着办吧！→

2. 难道我不能去吗？↑

3. 你休息一下，别累坏了。↓

4. 你呀你呀，怎么老记不住？↑

5. 哥哥一点儿也不急。↑

6. 他看了一眼。→

7. 她很喜欢这条裙子。↓

8. 这本书好极了。↑

附 录
Appendix

一、"一"的变调词语
The Words with "一" Whose Tone Changes

(一) 第一声前的"一"读第四声　"一" changes into the 4th tone when followed by a 1st tone syllable

一般	yìbān	一般见识	yìbān jiànshi
一斑	yìbān	一包在内	yì bāo zài nèi
一边	yìbiān	一波三折	yì bō sān zhé
一波未平，一波又起	yì bō wèi píng, yì bō yòu qǐ	一差二错	yì chā èr cuò
		一刀两断	yì dāo liǎng duàn
一丁点儿	yìdīngdiǎnr	一端	yì duān
一发	yìfā	一帆风顺	yì fān fēng shùn
一干	yìgān	一竿子到底	yì gānzi dào dǐ
一根筋	yìgēnjīn	一锅粥	yìguōzhōu
一锅端	yì guō duān	一锅煮	yì guō zhǔ
一呼百应	yì hū bǎi yìng	一家之言	yì jiā zhī yán
一经	yìjīng	一空	yìkōng
一拍即合	yì pāi jí hé	一瞥	yìpiē
一清早	yìqīngzǎo	一丘之貉	yì qiū zhī hé
一身	yìshēn	一身是胆	yìshēn shì dǎn
一生	yìshēng	一丝不苟	yì sī bù gǒu
一丝不挂	yì sī bú guà	一丝一毫	yì sī yì háo
一塌糊涂	yìtāhútú	一天	yì tiān
一天到晚	yì tiān dào wǎn	一窝蜂	yìwōfēng
一息尚存	yì xī shàng cún	一厢情愿	yì xiāng qíngyuàn
一些	yìxiē	一心	yìxīn
一心一德	yì xīn yì dé	一心一意	yì xīn yí yì
一星半点儿	yìxīngbàndiǎnr	一应	yìyīng
一朝一夕	yì zhāo yì xī	一针见血	yì zhēn jiàn xiě
一知半解	yì zhī bàn jiě		

(二) 第二声前的"一"读第四声　　"一" changes into the 4th tone when followed by a 2nd tone syllable

一鼻孔出气	yì bíkǒng chū qì	一场空	yì cháng kōng
一尘不染	yì chén bù rǎn	一成不变	yì chéng bú biàn
一程子	yìchéngzi	一筹	yìchóu
一筹莫展	yì chóu mò zhǎn	一锤定音	yì chuí dìng yīn
一得之功	yì dé zhī gōng	一国两制	yì guó liǎng zhì
一蹶不振	yì jué bú zhèn	一劳永逸	yì láo yǒng yì
一连	yìlián	一连串	yìliánchuàn
一连气儿	yìliánqìr	一鳞半爪	yì lín bàn zhǎo
一毛不拔	yì máo bù bá	一门心思	yì mén xīnsi
一鸣惊人	yì míng jīng rén	一模一样	yì mú yí yàng
一年到头	yì nián dào tóu	一年生	yìniánshēng
一盘棋	yìpánqí	一盘散沙	yì pán sǎn shā
一旁	yìpáng	一贫如洗	yì pín rú xǐ
一齐	yìqí	一穷二白	yì qióng èr bái
一仍旧贯	yì réng jiù guàn	一如	yìrú
一如既往	yì rú jì wǎng	一时	yìshí
一潭死水	yì tán sǐshuǐ	一条龙	yìtiáolóng
一条心	yìtiáoxīn	一同	yìtóng
一头	yìtóu	一头儿沉	yìtóurchén
一团和气	yì tuán héqì	一团糟	yìtuánzāo
一文不名	yì wén bù míng	一无是处	yì wú shì chù
一席话	yì xí huà	一行	yìxíng
一言既出，驷马难追	yì yán jì chū, sì mǎ nán zhuī	一言堂	yìyántáng
		一言以蔽之	yì yán yǐ bì zhī
一隅三反	yì yú sān fǎn	一直	yìzhí

(三) 第三声前的"一"读第四声　　"一" changes into the 4th tone when followed by a 3rd tone syllable

一把手	yì bǎ shǒu	一把抓	yì bǎ zhuā
一板一眼	yì bǎn yì yǎn	一本万利	yì běn wàn lì
一本正经	yì běn zhèng jīng	一笔带过	yì bǐ dài guò
一笔勾销	yì bǐ gōuxiāo	一笔抹杀	yì bǐ mǒshā

一表人才	yì biǎo rén cái	一点儿	yìdiǎnr
一反常态	yì fǎn cháng tài	一股劲儿	yìgǔjìnr
一股脑儿	yìgǔnǎor	一鼓作气	yì gǔ zuò qì
一晃	yìhuǎng	一己	yìjǐ
一举	yìjǔ	一举两得	yì jǔ liǎng dé
一孔之见	yì kǒng zhī jiàn	一口	yìkǒu
一口气	yì kǒuqì	一览	yìlǎn
一览表	yìlǎnbiǎo	一揽子	yìlǎnzi
一了百了	yì liǎo bǎi liǎo	一马当先	yì mǎ dāng xiān
一马平川	yì mǎ píngchuān	一品锅	yìpǐnguō
一品红	yìpǐnhóng	一起	yìqǐ
一手	yìshǒu	一手遮天	yì shǒu zhē tiān
一水儿	yìshuǐr	一体	yìtǐ
一统	yìtǒng	一网打尽	yì wǎng dǎ jìn
一往无前	yì wǎng wú qián	一小儿	yìxiǎor
一语破的	yì yǔ pò dì	一早	yìzǎo
一枕黄粱	yì zhěn huángliáng	一准	yìzhǔn
一总	yìzǒng		

(四) 第四声前的"一"读第二声 "一" changes into the 2nd tone when followed by a 4th tone syllable

一败涂地	yí bài tú dì	一半	yíbàn
一半天	yí bàn tiān	一辈子	yíbèizi
一臂之力	yí bì zhī lì	一并	yíbìng
一步到位	yí bù dào wèi	一步登天	yí bù dēng tiān
一步一个脚印	yí bù yí gè jiǎoyìn	一刹那	yíchànà
一倡百和	yí chàng bǎi hè	一唱一和	yí chàng yí hè
一触即发	yí chù jí fā	一触即溃	yí chù jí kuì
一次能源	yí cì néngyuán	一次性	yícìxìng
一蹴而就	yí cù ér jiù	一带	yídài
一旦	yídàn	一道	yídào
一定	yídìng	一定之规	yídìng zhī guī
一动	yídòng	一度	yí dù
一发千钧	yí fà qiān jūn	一概	yígài

一概而论	yígài ér lùn	一个巴掌拍不响	yí gè bāzhang pāi bù xiǎng
一个萝卜一个坑儿	yí gè luóbo yí gè kēngr	一共	yígòng
一贯	yíguàn	一棍子打死	yí gùnzi dǎ sǐ
一晃	yíhuàng	一会儿	yíhuìr
一技之长	yí jì zhī cháng	一见如故	yí jiàn rú gù
一见钟情	yí jiàn zhōngqíng	一箭双雕	yí jiàn shuāng diāo
一径	yíjìng	一块儿	yíkuàir
一力	yílì	一例	yílì
一溜儿	yíliùr	一溜歪斜	yíliù-wāixié
一溜烟	yíliùyān	一路	yílù
一律	yílǜ	一落千丈	yí luò qiān zhàng
一脉相承	yí mài xiāng chéng	一脉相传	yí mài xiāng chuán
一面	yímiàn	一面儿理	yímiànrlǐ
一面之词	yí miàn zhī cí	一面之交	yí miàn zhī jiāo
一命呜呼	yí mìng wūhū	一木难支	yí mù nán zhī
一目了然	yí mù liǎo rán	一目十行	yí mù shí háng
一念之差	yí niàn zhī chā	一诺千金	yí nuò qiān jīn
一片冰心	yí piàn bīng xīn	一曝十寒	yí pù shí hán
一气	yíqì	一气呵成	yíqì hē chéng
一窍不通	yí qiào bù tōng	一切	yíqiè
一任	yírèn	一日千里	yí rì qiān lǐ
一日三秋	yí rì sān qiū	一色	yísè
一事	yíshì	一事无成	yí shì wú chéng
一视同仁	yí shì tóng rén	一顺儿	yíshùnr
一瞬	yíshùn	一望无际	yí wàng wú jì
一味	yíwèi	一物降一物	yí wù xiáng yí wù
一系列	yíxìliè	一下儿	yíxiàr
一线	yíxiàn	一向	yíxiàng
一意孤行	yí yì gū xíng	一笑置之	yí xiào zhì zhī
一泻千里	yí xiè qiān lǐ	一蟹不如一蟹	yí xiè bùrú yí xiè
一样	yíyàng	一叶蔽目	yí yè bì mù
一叶知秋	yí yè zhī qiū	一再	yízài
一阵	yízhèn	一致	yízhì
一字长蛇阵	yí zì chángshézhèn	一字一板	yí zì yì bǎn

二、"不"的变调词语
The Words with "不" Whose Tone Changes

(一) 第一声前的"不"读第四声　"不" changes into the 4th tone when followed by a 1st tone syllable

不安	bù'ān	不差累黍	bù chā lěi shǔ
不卑不亢	bù bēi bú kàng	不单	bùdān
不端	bùduān	不甘	bùgān
不甘寂寞	bùgān jìmò	不尴不尬	bù gān bú gà
不公	bùgōng	不光	bùguāng
不哼不哈	bù hēng bù hā	不羁	bùjī
不禁	bùjīn	不经一事，	bù jīng yí shì,
不经意	bùjīngyì	不长一智	bù zhǎng yí zhì
不经之谈	bù jīng zhī tán	不拘	bùjū
不堪	bùkān	不堪设想	bùkān shèxiǎng
不摸头	bù mōtóu	不偏不倚	bù piān bù yǐ
不期而遇	bù qī ér yù	不期然而然	bù qī rán ér rán
不屈	bùqū	不三不四	bù sān bú sì
不失为	bùshīwéi	不惜	bùxī
不相上下	bù xiāng shàng xià	不消	bùxiāo
不兴	bùxīng	不休	bùxiū
不修边幅	bù xiū biānfú	不一	bùyī
不一而足	bù yī ér zú	不依	bùyī
不约而同	bù yuē ér tóng	不争	bùzhēng
不知进退	bù zhī jìn tuì	不知死活	bù zhī sǐ huó
不知所措	bù zhī suǒ cuò	不知所云	bù zhī suǒ yún
不知所终	bù zhī suǒ zhōng	不中	bùzhōng
不周延	bù zhōuyán	不赀	bùzī

(二) 第二声前的"不"读第四声　"不" changes into the 4th tone when followed by a 2nd tone syllable

不才	bùcái	不曾	bùcéng
不成	bùchéng	不成比例	bù chéng bǐlì
不成话	bù chénghuà	不成文	bùchéngwén
不成文法	bùchéngwénfǎ	不得劲	bù déjìn
不得了	bù déliǎo	不得已	bùdéyǐ
不迭	bùdié	不独	bùdú
不乏	bùfá	不凡	bùfán
不服水土	bù fú shuǐtǔ	不符	bùfú
不寒而栗	bù hán ér lì	不合	bùhé
不和	bùhé	不遑	bùhuáng
不及	bùjí	不即不离	bù jí bù lí
不绝如缕	bù jué rú lǚ	不郎不秀	bù láng bú xiù
不劳而获	bù láo ér huò	不良	bùliáng
不伦不类	bù lún bú lèi	不毛之地	bù máo zhī dì
不名一文	bù míng yì wén	不名誉	bùmíngyù
不谋而合	bù móu ér hé	不平	bùpíng
不平等条约	bùpíngděng tiáoyuē	不平则鸣	bù píng zé míng
不情之请	bù qíng zhī qǐng	不求甚解	bù qiú shèn jiě
不然	bùrán	不人道	bùréndào
不仁	bùrén	不容	bùróng
不如	bùrú	不时	bùshí
不识抬举	bù shí tái jǔ	不识闲儿	bùshíxiánr
不识之无	bù shí zhī wú	不随意肌	bùsuíyìjī
不同凡响	bù tóng fánxiǎng	不图	bùtú
不惟	bùwéi	不暇	bùxiá
不详	bùxiáng	不祥	bùxiáng
不行	bùxíng	不学无术	bù xué wú shù
不言而喻	bù yán ér yù	不扬	bùyáng
不宜	bùyí	不遗余力	bù yí yú lì
不由得	bùyóude	不由自主	bù yóu zì zhǔ
不虞	bùyú	不着边际	bù zhuó biānjì
不足	bùzú	不足道	bùzúdào

| 不足为奇 | bù zú wéi qí | 不足为训 | bù zú wéi xùn |

(三) 第三声前的"不"读第四声 "不" changes into the 4th tone when followed by a 3rd tone syllable

不比	bùbǐ	不逞	bùchěng
不齿	bùchǐ	不耻下问	bù chǐ xià wèn
不打自招	bù dǎ zì zhāo	不倒翁	bùdǎowēng
不等号	bùděnghào	不等式	bùděngshì
不法	bùfǎ	不菲	bùfěi
不敢当	bù gǎndāng	不苟	bùgǒu
不管	bùguǎn	不管不顾	bù guǎn bú gù
不管部长	bùguǎn-bùzhǎng	不管三七二十一	bùguǎn sān qī èrshí yī
不轨	bùguǐ	不好意思	bù hǎoyìsi
不假思索	bù jiǎ sīsuǒ	不仅	bùjǐn
不景气	bù jǐngqì	不久	bùjiǔ
不可	bùkě	不可救药	bù kě jiù yào
不可开交	bù kě kāi jiāo	不可抗力	bùkěkànglì
不可理喻	bù kě lǐ yù	不可名状	bù kě míng zhuàng
不可思议	bù kě sīyì	不可同日而语	bù kě tóng rì ér yǔ
不可向迩	bù kě xiàng ěr	不可一世	bù kě yí shì
不可知论	bùkězhīlùn	不可终日	bù kě zhōng rì
不了	bùliǎo	不了了之	bù liǎo liǎo zhī
不满	bùmǎn	不免	bùmiǎn
不敏	bùmǐn	不起眼	bù qǐyǎn
不忍	bùrěn	不爽	bùshuǎng
不吐气	bù tǔqì	不韪	bùwěi
不稳定平衡	bùwěndìng-pínghéng	不朽	bùxiǔ
不许	bùxǔ	不已	bùyǐ
不怎么样	bù zěnmeyàng	不止	bùzhǐ
不只	bùzhǐ		

(四) 第四声前的"不"读第二声 "不" changes into the 2nd tone when followed by a 4th tone syllable

| 不必 | búbì | 不变价格 | búbiàn jiàgé |

不便	búbiàn	不辨菽麦	búbiàn shū mài
不测	búcè	不啻	búchì
不错	búcuò	不大离儿	búdàlír
不带音	bú dàiyīn	不待	búdài
不但	búdàn	不道德	búdàodé
不定	búdìng	不动产	búdòngchǎn
不动声色	bú dòng shēngsè	不冻港	búdònggǎng
不断	búduàn	不对	búduì
不对茬儿	bú duìchár	不二法门	bú èr fǎmén
不二价	bú èr jià	不费吹灰之力	bú fèi chuī huī zhī lì
不忿	búfèn	不共戴天	bú gòng dài tiān
不够	búgòu	不顾	búgù
不过	búguò	不过意	bú guòyì
不讳	búhuì	不计	bújì
不计其数	bú jì qí shù	不济	bújì
不见	bújiàn	不见得	bú jiàndé
不见棺材不落泪	bú jiàn guāncai bú luò lèi	不见经传	bú jiàn jīng zhuàn
不近人情	bú jìn rénqíng	不胫而走	bú jìng ér zǒu
不亢不卑	bú kàng bù bēi	不克	búkè
不快	búkuài	不愧	búkuì
不赖	búlài	不力	búlì
不利	búlì	不料	búliào
不吝	búlìn	不论	búlùn
不落窠臼	bú luò kējiù	不蔓不枝	bú màn bù zhī
不妙	búmiào	不佞	búnìng
不怕	búpà	不日	búrì
不入虎穴，	bú rù hǔ xué,	不善	búshàn
焉得虎子	yān dé hǔ zǐ	不胜	búshèng
不胜枚举	bú shèng méi jǔ	不是	búshi
不是玩儿的	bú shì wánrde	不是味儿	bú shì wèir
不适	búshì	不送气	bú sòngqì
不速之客	bú sù zhī kè	不特	bútè
不外	búwài	不谓	búwèi
不下于	búxiàyú	不像话	bú xiànghuà

不孝	búxiào	不屑	búxiè
不幸	búxìng	不锈钢	búxiùgāng
不恤	búxù	不逊	búxùn
不厌	búyàn	不要	búyào
不要紧	bú yàojǐn	不要脸	bú yàoliǎn
不义之财	bú yì zhī cái	不亦乐乎	bú yì lè hū
不易之论	bú yì zhī lùn	不意	búyì
不翼而飞	bú yì ér fēi	不用	búyòng
不在	búzài	不在乎	búzàihu
不在话下	bú zài huà xià	不振	búzhèn
不至于	búzhìyú	不致	búzhì
不置	búzhì	不置可否	bú zhì kě fǒu
不自量	bú zìliàng	不做声	bú zuòshēng

149

三、必读轻声的词
The Words that Must Be Read in a Neutral Tone

爱人	àiren	案子	ànzi
巴掌	bāzhang	把子	bǎzi
把子	bàzi	爸爸	bàba
白净	báijing	班子	bānzi
板子	bǎnzi	帮手	bāngshou
梆子	bāngzi	膀子	bǎngzi
棒槌	bàngchui	棒子	bàngzi
包袱	bāofu	包涵	bāohan
包子	bāozi	豹子	bàozi
杯子	bēizi	被子	bèizi
本事	běnshi	本子	běnzi
鼻子	bízi	比方	bǐfang
鞭子	biānzi	扁担	biǎndan
辫子	biànzi	别扭	bièniu
饼子	bǐngzi	拨弄	bōnong
脖子	bózi	簸箕	bòji
补丁	bǔding	不由得	bùyóude
不在乎	búzàihu	步子	bùzi
部分	bùfen	裁缝	cáifeng
财主	cáizhu	苍蝇	cāngying
差事	chāishi	柴火	cháihuo
肠子	chángzi	厂子	chǎngzi
场子	chǎngzi	车子	chēzi
称呼	chēnghu	池子	chízi
尺子	chǐzi	虫子	chóngzi
绸子	chóuzi	除了	chúle
锄头	chútou	畜生	chùsheng
窗户	chuānghu	窗子	chuāngzi

锤子	chuízi	刺猬	cìwei
凑合	còuhe	村子	cūnzi
耷拉	dāla	答应	dāying
打扮	dǎban	打点	dǎdian
打发	dǎfa	打量	dǎliang
打算	dǎsuan	打听	dǎting
大方	dàfang	大爷	dàye
大夫	dàifu	带子	dàizi
袋子	dàizi	耽搁	dānge
耽误	dānwu	单子	dānzi
胆子	dǎnzi	担子	dànzi
刀子	dāozi	道士	dàoshi
稻子	dàozi	灯笼	dēnglong
提防	dīfang	笛子	dízi
底子	dǐzi	地道	dìdao
地方	dìfang	弟弟	dìdi
弟兄	dìxiong	点心	diǎnxin
调子	diàozi	钉子	dīngzi
东家	dōngjia	东西	dōngxi
动静	dòngjing	动弹	dòngtan
豆腐	dòufu	豆子	dòuzi
嘟囔	dūnang	肚子	dǔzi
肚子	dùzi	缎子	duànzi
对付	duìfu	对头	duìtou
队伍	duìwu	多么	duōme
蛾子	ézi	儿子	érzi
耳朵	ěrduo	贩子	fànzi
房子	fángzi	份子	fènzi
风筝	fēngzheng	疯子	fēngzi
福气	fúqi	斧子	fǔzi
盖子	gàizi	甘蔗	gānzhe
杆子	gānzi	杆子	gǎnzi
干事	gànshi	杠子	gàngzi
高粱	gāoliang	膏药	gāoyao

稿子	gǎozi	告诉	gàosu
疙瘩	gēda	哥哥	gēge
胳膊	gēbo	鸽子	gēzi
格子	gézi	个子	gèzi
根子	gēnzi	跟头	gēntou
工夫	gōngfu	弓子	gōngzi
公公	gōnggong	功夫	gōngfu
钩子	gōuzi	姑姑	gūgu
姑娘	gūniang	谷子	gǔzi
骨头	gǔtou	故事	gùshi
寡妇	guǎfu	褂子	guàzi
怪物	guàiwu	关系	guānxi
官司	guānsi	罐头	guàntou
罐子	guànzi	规矩	guīju
闺女	guīnü	鬼子	guǐzi
柜子	guìzi	棍子	gùnzi
锅子	guōzi	果子	guǒzi
蛤蟆	háma	孩子	háizi
含糊	hánhu	汉子	hànzi
行当	hángdang	合同	hétong
和尚	héshang	核桃	hétao
盒子	hézi	红火	hónghuo
猴子	hóuzi	后头	hòutou
厚道	hòudao	狐狸	húli
胡琴	húqin	糊涂	hútu
皇上	huángshang	幌子	huǎngzi
胡萝卜	húluóbo	活泼	huópo
火候	huǒhou	伙计	huǒji
护士	hùshi	机灵	jīling
脊梁	jīliang	计算	jìsuan
记号	jìhao	记性	jìxing
夹子	jiāzi	家伙	jiāhuo
架势	jiàshi	架子	jiàzi
嫁妆	jiàzhuang	尖子	jiānzi

茧子	jiǎnzi	剪子	jiǎnzi
见识	jiànshi	毽子	jiànzi
将就	jiāngjiu	交情	jiāoqing
饺子	jiǎozi	叫唤	jiàohuan
轿子	jiàozi	结实	jiēshi
街坊	jiēfang	姐夫	jiěfu
姐姐	jiějie	戒指	jièzhi
金子	jīnzi	精神	jīngshen
镜子	jìngzi	舅舅	jiùjiu
橘子	júzi	句子	jùzi
卷子	juànzi	咳嗽	késou
客气	kèqi	空子	kòngzi
口袋	kǒudai	口子	kǒuzi
扣子	kòuzi	窟窿	kūlong
裤子	kùzi	快活	kuàihuo
筷子	kuàizi	框子	kuàngzi
困难	kùnnan	阔气	kuòqi
喇叭	lǎba	喇嘛	lǎma
篮子	lánzi	懒得	lǎnde
浪头	làngtou	老婆	lǎopo
老实	lǎoshi	老太太	lǎotàitai
老头子	lǎotóuzi	老爷	lǎoye
老子	lǎozi	姥姥	lǎolao
累赘	léizhui	篱笆	líba
里头	lǐtou	力气	lìqi
厉害	lìhai	利落	lìluo
利索	lìsuo	例子	lìzi
栗子	lìzi	痢疾	lìji
连累	liánlei	帘子	liánzi
凉快	liángkuai	粮食	liángshi
两口子	liǎngkǒuzi	料子	liàozi
林子	línzi	翎子	língzi
领子	lǐngzi	溜达	liūda
聋子	lóngzi	笼子	lóngzi

炉子	lúzi	路子	lùzi
轮子	lúnzi	萝卜	luóbo
骡子	luózi	骆驼	luòtuo
妈妈	māma	麻烦	máfan
麻利	máli	麻子	mázi
马虎	mǎhu	码头	mǎtou
买卖	mǎimai	麦子	màizi
馒头	mántou	忙活	mánghuo
冒失	màoshi	帽子	màozi
眉毛	méimao	媒人	méiren
妹妹	mèimei	门道	méndao
眯缝	mīfeng	迷糊	míhu
面子	miànzi	苗条	miáotiao
苗头	miáotou	名堂	míngtang
名字	míngzi	明白	míngbai
蘑菇	mógu	模糊	móhu
木匠	mùjiang	木头	mùtou
那么	name	奶奶	nǎinai
难为	nánwei	脑袋	nǎodai
脑子	nǎozi	能耐	néngnai
你们	nǐmen	念叨	niàndao
念头	niàntou	娘家	niángjia
镊子	nièzi	奴才	núcai
女婿	nǔxu	暖和	nuǎnhuo
疟疾	nüèji	拍子	pāizi
牌楼	páilou	牌子	páizi
盘算	pánsuan	盘子	pánzi
胖子	pàngzi	袍子	páozi
盆子	pénzi	朋友	péngyou
棚子	péngzi	脾气	píqi
皮子	pízi	痞子	pǐzi
屁股	pìgu	片子	piānzi
便宜	piányi	骗子	piànzi
票子	piàozi	漂亮	piàoliang

瓶子	píngzi	婆家	pójia
婆婆	pópo	铺盖	pūgai
欺负	qīfu	旗子	qízi
前头	qiántou	钳子	qiánzi
茄子	qiézi	亲戚	qīnqi
勤快	qínkuai	清楚	qīngchu
亲家	qìngjia	曲子	qǔzi
圈子	quānzi	拳头	quántou
裙子	qúnzi	热闹	rènao
人家	rénjia	人们	rénmen
认识	rènshi	日子	rìzi
褥子	rùzi	塞子	sāizi
嗓子	sǎngzi	嫂子	sǎozi
扫帚	sàozhou	沙子	shāzi
傻子	shǎzi	扇子	shànzi
商量	shāngliang	上司	shàngsi
上头	shàngtou	烧饼	shāobing
勺子	sháozi	少爷	shàoye
哨子	shàozi	舌头	shétou
身子	shēnzi	什么	shénme
婶子	shěnzi	生意	shēngyi
牲口	shēngkou	绳子	shéngzi
师父	shīfu	师傅	shīfu
虱子	shīzi	狮子	shīzi
石匠	shíjiang	石榴	shíliu
石头	shítou	时候	shíhou
实在	shízai	拾掇	shíduo
使唤	shǐhuan	世故	shìgu
似的	shìde	事情	shìqing
柿子	shìzi	收成	shōucheng
收拾	shōushi	首饰	shǒushi
叔叔	shūshu	梳子	shūzi
舒服	shūfu	舒坦	shūtan
疏忽	shūhu	爽快	shuǎngkuai

思量	sīliang	岁数	suìshu
孙子	sūnzi	他们	tāmen
它们	tāmen	她们	tāmen
台子	táizi	太太	tàitai
摊子	tānzi	坛子	tánzi
毯子	tǎnzi	桃子	táozi
特务	tèwu	梯子	tīzi
蹄子	tízi	挑剔	tiāoti
挑子	tiāozi	条子	tiáozi
跳蚤	tiàozao	铁匠	tiějiang
亭子	tíngzi	头发	tóufa
头子	tóuzi	兔子	tùzi
妥当	tuǒdang	唾沫	tuòmo
挖苦	wāku	娃娃	wáwa
袜子	wàzi	晚上	wǎnshang
尾巴	wěiba	委屈	wěiqu
为了	wèile	位置	wèizhi
位子	wèizi	蚊子	wénzi
稳当	wěndang	我们	wǒmen
屋子	wūzi	稀罕	xīhan
席子	xízi	媳妇	xífu
喜欢	xǐhuan	瞎子	xiāzi
匣子	xiázi	下巴	xiàba
吓唬	xiàhu	先生	xiānsheng
乡下	xiāngxia	箱子	xiāngzi
相声	xiàngsheng	消息	xiāoxi
小伙子	xiǎohuǒzi	小气	xiǎoqi
小子	xiǎozi	笑话	xiàohua
谢谢	xièxie	心思	xīnsi
星星	xīngxing	猩猩	xīngxing
行李	xíngli	性子	xìngzi
兄弟	xiōngdi	休息	xiūxi
秀才	xiùcai	秀气	xiùqi
袖子	xiùzi	靴子	xuēzi

学生	xuésheng	学问	xuéwen
丫头	yātou	鸭子	yāzi
衙门	yámen	哑巴	yǎba
胭脂	yānzhi	烟筒	yāntong
眼睛	yǎnjing	燕子	yànzi
秧歌	yāngge	养活	yǎnghuo
样子	yàngzi	吆喝	yāohe
妖精	yāojing	钥匙	yàoshi
椰子	yēzi	爷爷	yéye
叶子	yèzi	一辈子	yíbèizi
衣服	yīfu	衣裳	yīshang
椅子	yǐzi	意思	yìsi
银子	yínzi	影子	yǐngzi
应酬	yìngchou	柚子	yòuzi
冤枉	yuānwang	院子	yuànzi
月饼	yuèbing	月亮	yuèliang
云彩	yúncai	运气	yùnqi
在乎	zàihu	咱们	zánmen
早上	zǎoshang	怎么	zěnme
扎实	zhāshi	眨巴	zhǎba
栅栏	zhàlan	宅子	zháizi
寨子	zhàizi	张罗	zhāngluo
丈夫	zhàngfu	帐篷	zhàngpeng
丈人	zhàngren	帐子	zhàngzi
招呼	zhāohu	招牌	zhāopai
折磨	zhémo	这个	zhège
这么	zhème	枕头	zhěntou
镇子	zhènzi	芝麻	zhīma
知识	zhīshi	侄子	zhízi
指甲	zhǐjia	指头	zhǐtou
种子	zhǒngzi	珠子	zhūzi
竹子	zhúzi	主意	zhǔyi
主子	zhǔzi	柱子	zhùzi
爪子	zhuǎzi	转悠	zhuànyou

汉语语音教程·基础篇

庄稼	zhuāngjia	庄子	zhuāngzi
壮实	zhuàngshi	状元	zhuàngyuan
锥子	zhuīzi	桌子	zhuōzi
字号	zìhao	自在	zìzai
粽子	zòngzi	祖宗	zǔzong
嘴巴	zuǐba	作坊	zuōfang
琢磨	zuómo		

四、儿化词
The r-Ending Retroflex Words

a→ar	刀把儿	dāobàr	号码儿	hàomǎr
	戏法儿	xìfǎr	在哪儿	zàinǎr
	找茬儿	zhǎo chár	打杂儿	dǎ zár
	板擦儿	bǎncār		
ai→ar	名牌儿	míngpáir	鞋带儿	xiédàir
	壶盖儿	húgàir	小孩儿	xiǎoháir
	加塞儿	jiā sāir		
an→ar	快板儿	kuàibǎnr	老伴儿	lǎobànr
	蒜瓣儿	suànbànr	脸盘儿	liǎnpánr
	脸蛋儿	liǎndànr	收摊儿	shōu tānr
	栅栏儿	zhàlanr	包干儿	bāogānr
	笔杆儿	bǐgǎnr	门槛儿	ménkǎnr
ang→ar (鼻化)	药方儿	yàofāngr	赶趟儿	gǎn tàngr
	香肠儿	xiāngchángr	瓜瓤儿	guārángr
ia→iar	掉价儿	diào jiàr	一下儿	yíxiàr
	豆芽儿	dòuyár		
ian→iar	小辫儿	xiǎobiànr	照片儿	zhàopiānr
	扇面儿	shànmiànr	差点儿	chàdiǎnr
	一点儿	yìdiǎnr	雨点儿	yǔdiǎnr
	聊天儿	liáotiānr	拉链儿	lāliànr
	冒尖儿	mào jiānr	坎肩儿	kǎnjiānr
	牙签儿	yáqiānr	露馅儿	lòu xiànr
	心眼儿	xīnyǎnr		
iang→iar (鼻化)	鼻梁儿	bíliángr	透亮儿	tòuliàngr
	花样儿	huāyàngr		
ua→uar	脑瓜儿	nǎoguār	大褂儿	dàguàr
	麻花儿	máhuār	笑话儿	xiàohuar
	牙刷儿	yáshuār		

uai→uar	一块儿	yíkuàir		
uan→uar	茶馆儿	cháguǎnr	饭馆儿	fànguǎnr
	火罐儿	huǒguànr	落款儿	luòkuǎnr
	打转儿	dǎzhuànr	拐弯儿	guǎiwānr
	好玩儿	hǎowánr	大腕儿	dàwànr
uang→uar (鼻化)	蛋黄儿	dànhuángr	打晃儿	dǎ huàngr
	天窗儿	tiānchuāngr		
üan→üar	烟卷儿	yānjuǎnr	手绢儿	shǒujuànr
	出圈儿	chū quānr	包圆儿	bāo yuánr
	人缘儿	rényuánr	绕远儿	rào yuǎnr
	杂院儿	záyuànr		
ei→er	刀背儿	dāobèir	摸黑儿	mō hēir
en→er	老本儿	lǎoběnr	花盆儿	huāpénr
	嗓门儿	sǎngménr	把门儿	bǎ ménr
	哥们儿	gēmenr	纳闷儿	nà mènr
	后跟儿	hòugēnr	高跟儿鞋	gāogēnrxié
	别针儿	biézhēnr	一阵儿	yízhènr
	走神儿	zǒu shénr	大婶儿	dàshěnr
	小人儿书	xiǎorénrshū	杏仁儿	xìnrénr
	刀刃儿	dāorènr		
eng→er (鼻化)	钢镚儿	gāngbèngr	夹缝儿	jiāfèngr
	脖颈儿	bógěngr	提成儿	tíchéngr
ie→ier	半截儿	bànjiér	小鞋儿	xiǎoxiér
üe→üer	旦角儿	dànjuér	主角儿	zhǔjuér
uei→uer	跑腿儿	pǎo tuǐr	一会儿	yíhuìr
	耳垂儿	ěrchuír	墨水儿	mòshuǐr
	围嘴儿	wéizuǐr	走味儿	zǒu wèir
uen→uer	打盹儿	dǎ dǔnr	胖墩儿	pàngdūnr
	砂轮儿	shālúnr	冰棍儿	bīnggùnr
	没准儿	méi zhǔnr	开春儿	kāi chūnr
ueng→uer (鼻化)	小瓮儿	xiǎo wèngr		
-i(前音)→er	瓜子儿	guāzǐr	石子儿	shízǐr
	没词儿	méi cír	挑刺儿	tiāo cìr

-i(后音)→er	墨汁儿	mòzhīr	锯齿儿	jùchǐr
	记事儿	jìshìr		
i→ier	针鼻儿	zhēnbír	垫底儿	diàn dǐr
	肚脐儿	dùqír	玩意儿	wányìr
in→ier	有劲儿	yǒu jìnr	送信儿	sòng xìnr
	脚印儿	jiǎoyìnr		
ing→ier	花瓶儿	huāpíngr	打鸣儿	dǎ míngr
（鼻化）	图钉儿	túdīngr	门铃儿	ménlíngr
	眼镜儿	yǎnjìngr	蛋清儿	dànqīngr
	火星儿	huǒxīngr	人影儿	rényǐngr
ü→üer	毛驴儿	máolǘr	小曲儿	xiǎoqǔr
	痰盂儿	tányúr		
ün→üer	合群儿	héqúr		
e→er	模特儿	mótèr	逗乐儿	dòu lèr
	唱歌儿	chàng gēr	挨个儿	āigèr
	打嗝儿	dǎgér	饭盒儿	fànhér
	这儿	zhèr		
u→ur	碎步儿	suìbùr	没谱儿	méi pǔr
	儿媳妇儿	érxífur	梨核儿	líhúr
	泪珠儿	lèizhūr	有数儿	yǒushùr
ong→or	果冻儿	guǒdòngr	门洞儿	méndòngr
（鼻化）	胡同儿	hútòngr	抽空儿	chōu kòngr
	酒盅儿	jiǔzhōngr	小葱儿	xiǎocōngr
iong→ior	小熊儿	xiǎo xióngr		
（鼻化）				
ao→aor	红包儿	hóngbāor	灯泡儿	dēngpàor
	半道儿	bàndàor	手套儿	shǒutàor
	跳高儿	tiàogāor	叫好儿	jiào hǎor
	口罩儿	kǒuzhàor	绝招儿	juézhāor
	口哨儿	kǒushàor	蜜枣儿	mìzǎor
iao→iaor	鱼漂儿	yúpiāor	火苗儿	huǒmiáor
	跑调儿	pǎo diàor	面条儿	miàntiáor
	豆角儿	dòujiǎor	开窍儿	kāi qiàor
ou→our	衣兜儿	yīdōur	老头儿	lǎotóur

汉语语音教程·基础篇

	年头儿	niántóur	小偷儿	xiǎotōur
	门口儿	ménkǒur	纽扣儿	niǔkòur
	线轴儿	xiànzhóur	小丑儿	xiǎochǒur
	加油儿	jiā yóur		
iou→iour	顶牛儿	dǐng niúr	抓阄儿	zhuā jiūr
	棉球儿	mián qiúr		
uo→uor	火锅儿	huǒguōr	做活儿	zuò huór
	大伙儿	dàhuǒr	邮戳儿	yóuchuōr
	小说儿	xiǎoshuōr	被窝儿	bèiwōr
o→or	耳膜儿	ěrmór	粉末儿	fěnmòr

五、汉语声韵调配合表
Table of Combinations of the Initials, Finals and Tones in Chinese

四呼声母\韵母	开口呼 -i(资)(师)				a(啊)				o(喔)				e(鹅)			
	ˉ	ˊ	ˇ	ˋ	ˉ	ˊ	ˇ	ˋ	ˉ	ˊ	ˇ	ˋ	ˉ	ˊ	ˇ	ˋ
b					bā	bá	bǎ	bà	bō	bó	bǒ	bò				
p					pā	pá	pǎ	pà	pō	pó	pǒ	pò				
m					mā	má	mǎ	mà	mō	mó	mǒ	mò				
f					fā	fá	fǎ	fà		fó						
z	zī	zí	zǐ	zì	zā	zá								zé	zě	zè
c	cī	cí	cǐ	cì	cā		cǎ									cè
s	sī	sí	sǐ	sì	sā		sǎ	sà								sè
d					dā		dǎ	dà					dē	dé		dè
t					tā		tǎ	tà								tè
n					nā		nǎ	nà						né	ně	nè
l					lā		lǎ	là					lē			
zh	zhī	zhí	zhǐ	zhì	zhā	zhá	zhǎ	zhà					zhē	zhé	zhě	zhè
ch	chī	chí	chǐ	chì	chā	chá	chǎ	chà					chē	ché	chě	chè
sh	shī	shí	shǐ	shì	shā	shá	shǎ	shà					shē	shé	shě	
r				rì											rě	rè
j																
q																
x																
g					gā		gǎ	gà					gē	gé	gě	gè
k					kā		kǎ						kē	ké	kě	kè
h					hā		hǎ	hà					hē	hé	hě	hè
0																

续表

四呼\韵母\声母	开口呼															
	e	ai(哀)				ei(欸)				ao(熬)				ou(欧)		
		ˉ	ˊ	ˇ	ˋ	ˉ	ˊ	ˇ	ˋ	ˉ	ˊ	ˇ	ˋ	ˉ	ˊ	ˇ	ˋ
b		bāi	bái	bǎi	bài	bēi	béi	běi	bèi	bāo	báo	bǎo	bào				
p		pāi	pái	pǎi	pài	pēi	péi		pèi	pāo	páo	pǎo	pào	pōu	póu		pòu
m			mái	mǎi	mài		méi	měi	mèi	māo	máo	mǎo	mào	mōu	móu	mǒu	mòu
f						fēi	féi	fěi	fèi					fōu	fóu		
z		zāi		zǎi	zài		zéi			zāo	záo	zǎo	zào	zōu		zǒu	zòu
c		cāi	cái		cài				cèi	cāo	cáo	cǎo		cōu		cǒu	còu
s		sāi			sài					sāo		sǎo	sào	sōu		sǒu	sòu
d		dāi		dǎi	dài	dēi		děi		dāo		dǎo	dào	dōu		dǒu	dòu
t		tāi	tái	tǎi	tài	tēi				tāo	táo		tào	tōu	tóu		tòu
n			nái	nǎi	nài			něi	nèi		náo	nǎo	nào		nóu		nòu
l			lái		lài	lēi	léi	lěi	lèi		láo	lǎo	lào		lóu	lǒu	lòu
zh		zhāi	zhái		zhài				zhèi	zhāo		zhǎo	zhào	zhōu	zhóu	zhǒu	zhòu
ch		chāi	chái		chài					chāo	cháo	chǎo	chào	chōu	chóu	chǒu	chòu
sh		shāi	shái		shài		shéi			shāo		shǎo	shào	shōu	shóu	shǒu	shòu
r											ráo	rǎo	rào		róu		ròu
j																	
q																	
x																	
g		gāi		gǎi	gài			gěi		gāo		gǎo	gào	gōu		gǒu	gòu
k		kāi		kǎi	kài	kēi				kāo		kǎo	kào	kōu		kǒu	kòu
h		hāi	hái	hǎi	hài	hēi				hāo	háo		hào	hōu	hóu		hòu
o																	

续表

声母\四呼	开口呼																er(儿)
	an(安)				en(恩)				ang(昂)				eng(鞥)				
	ˉ	ˊ	ˇ	ˋ	ˉ	ˊ	ˇ	ˋ	ˉ	ˊ	ˇ	ˋ	ˉ	ˊ	ˇ	ˋ	
b	bān		bǎn	bàn	bēn		běn	bèn	bāng		bǎng	bàng	bēng	béng	běng	bèng	
p	pān	pán		pàn	pēn	pén		pèn	pāng	páng	pǎng	pàng	pēng	péng	pěng	pèng	
m	mān	mán	mǎn	màn	mēn	mén		mèn	māng	máng	mǎng		mēng	méng	měng	mèng	
f	fān	fán	fǎn	fàn	fēn	fén		fèn	fāng	fáng	fǎng	fàng	fēng	féng	fěng	fèng	
z	zān		zǎn	zàn	zēn		zěn	zèn	zāng		zǎng	zàng	zēng			zèng	
c	cān	cán	cǎn	càn	cēn	cén			cāng	cáng			cēng	céng		cèng	
s	sān		sǎn	sàn	sēn				sāng		sǎng	sàng	sēng				
d	dān		dǎn	dàn			dén	dèn	dāng		dǎng	dàng	dēng		děng	dèng	
t	tān	tán	tǎn	tàn					tāng	táng	tǎng	tàng	tēng	téng			
n	nān	nán	nǎn	nàn			něn	nèn	nāng	náng	nǎng	nàng		néng			
l	lān	lán	lǎn	làn					lāng	láng	lǎng	làng	lēng	léng	lěng		
zh	zhān		zhǎn	zhàn	zhēn		zhěn	zhèn	zhāng		zhǎng	zhàng	zhēng		zhěng	zhèng	
ch	chān	chán	chǎn		chēn	chén			chāng	cháng	chǎng	chàng	chēng	chéng	chěng	chèng	
sh	shān		shǎn	shàn	shēn	shén			shāng		shǎng		shēng	shéng	shěng	shèng	
r		rán				rén				ráng	rǎng	ràng		réng			
j																	
q																	
x																	
g	gān		gǎn	gàn	gēn		gěn	gèn	gāng		gǎng	gàng	gēng		gěng	gèng	
k	kān		kǎn	kàn	kēn		kěn		kāng	káng	kǎng	kàng	kēng		kěng		
h	hān	hán		hàn	hēn	hén	hěn	hèn	hāng	háng	hǎng	hàng	hēng	héng		hèng	
o																	

续表

四呼 四声 声母	开齿呼															
	i—yi(衣)				ia—ya(呀)				ie—ye(耶)				iao—yao(腰)			
	¯	´	ˇ	`	¯	´	ˇ	`	¯	´	ˇ	`	¯	´	ˇ	`
b	bī	bí	bǐ	bì					biē	bié	biě	biè	biāo		biǎo	biào
p	pī	pí	pǐ	pì					piē		piě	piè		piáo	piǎo	piào
m	mī	mí	mǐ	mì							miē	miè		miáo	miǎo	miào
f																
z																
c																
s																
d	dī	dí	dǐ	dì						dié	tiē	diè	diāo		diǎo	diào
t	tī	tí	tǐ	tì					tiē		tiě	tiè	tiāo	tiáo	tiǎo	tiào
n	nī	ní	nǐ	nì						nié	niě	niè		niáo	niǎo	niào
l	lī	lí	lǐ	lì			liǎ		lié		liě	liè		liáo	liǎo	liào
zh																
ch																
sh																
r																
j	jī	jí	jǐ	jì	jiā	jiá	jiǎ	jià	jiē	jié	jiě	jiè	jiāo		jiǎo	jiào
q	qī	qí	qǐ	qì	qiā		qiǎ	qià	qiē	qié	qiě	qiè	qiāo	qiáo	qiǎo	qiào
x	xī	xí	xǐ	xì	xiā		xiǎ	xià	xiē	xié	xiě	xiè	xiāo		xiǎo	xiào
g																
k																
h																
0																

续表

声母\韵母	iou—you(忧)				ian—yan(烟)				in—yin(因)				iang—yang(央)			
	-	ˊ	ˇ	ˋ	-	ˊ	ˇ	ˋ	-	ˊ	ˇ	ˋ	-	ˊ	ˇ	ˋ
b					biān		biǎn	biàn	bīn			bìn				
p					piān	pián				pín	pǐn	pìn				
m		miù				mián	miǎn			mín	mǐn					
f																
z																
c																
s																
d				diū	diān		diǎn	diàn								
t					tiān	tián										
n		niú	niǔ	niù		nián	niǎn	niàn		nín				niáng		niàng
l		liú	liǔ	liù		lián	liǎn	liàn	lín		lǐn	lìn		liáng	liǎng	liàng
r																
j	jiū				jiān		jiǎn	jiàn	jīn			jìn	jiāng		jiǎng	jiàng
q	qiū	qiú				qián	qiǎn	qiàn		qín		qìn	qiāng	qiáng	qiǎng	qiàng
x			xiǔ	xiù	xiān	xián	xiǎn	xiàn	xīn			xìn	xiāng	xiáng	xiǎng	xiàng
g																
k																
h																
o																

续表

声母\韵母	齐齿呼 ing—ying(英)				合口呼 u—wu(乌)				ua—wa(哇)				uo—wo(窝)			
	ˉ	ˊ	ˇ	ˋ	ˉ	ˊ	ˇ	ˋ	ˉ	ˊ	ˇ	ˋ	ˉ	ˊ	ˇ	ˋ
b	bīng	bíng	bǐng	bìng	bū	bú	bǔ	bù								
p	pīng	píng	pǐng	pìng	pū	pú	pǔ	pù								
m	mīng	míng	mǐng		mū	mú	mǔ	mù								
f					fū	fú	fǔ	fù								
z					zū	zú	zǔ						zuō	zuó	zuǒ	zuò
c					cū	cú	cǔ						cuō	cuó	cuǒ	cuò
s					sū	sú	sǔ						suō		suǒ	
d	dīng	díng	dǐng	dìng	dū	dú	dǔ						duō	duó	duǒ	duò
t	tīng	tíng	tǐng		tū	tú	tǔ	tù					tuō	tuó	tuǒ	tuò
n		níng	nǐng			nú	nǔ	nù						nuó	nuǒ	nuò
l	līng	líng	lǐng		lū	lú	lǔ	lù					luō	luó	luǒ	luò
zh					zhū	zhú	zhǔ	zhù	zhuā		zhuǎ			zhuó		
ch					chū	chú	chǔ		chuā				chuō			chuò
sh					shū	shú	shǔ		shuā		shuǎ		shuō			shuò
r						rú	rǔ			ruá				ruó		
j	jīng	jíng	jǐng	jìng												
q	qīng	qíng	qǐng													
x	xīng	xíng	xǐng	xìng												
g					gū	gú	gǔ		guā		guǎ		guō	guó	guǒ	guò
k					kū	kú	kǔ		kuā		kuǎ				kuǒ	
h					hū	hú	hǔ	hù	huā				huō	huó	huǒ	huò
o																

续表

声母\四呼	合口呼															
	uai—wai(歪)				uei—wei(威)				uan—wan(弯)				uen—wen(温)			
	ˉ	ˊ	ˇ	ˋ	ˉ	ˊ	ˇ	ˋ	ˉ	ˊ	ˇ	ˋ	ˉ	ˊ	ˇ	ˋ
b																
p																
m																
f																
z					zuī		zuǐ	zuì	zuān		zuǎn	zuàn	zūn		zǔn	zùn
c					cuī		cuǐ	cuì	cuān	cuán		cuàn	cūn	cún	cǔn	cùn
s					suī		suǐ	suì	suān			suàn	sūn		sǔn	sùn
d					duī		duǐ	duì	duān		duǎn	duàn	dūn		dǔn	dùn
t					tuī		tuǐ	tuì	tuān	tuán	tuǎn		tūn	tún		
n											nuǎn					
l										luán	luǎn		lūn	lún	lǔn	lùn
zh	zhuāi		zhuǎi	zhuài	zhuī		zhuǐ	zhuì	zhuān		zhuǎn	zhuàn	zhūn		zhǔn	
ch	chuāi	chuái	chuǎi	chuài	chuī	chuí	chuǐ	chuì	chuān	chuán	chuǎn	chuàn	chūn	chún	chǔn	
sh	shuāi		shuǎi	shuài	shuī	shuí	shuǐ	shuì	shuān		shuǎn		shūn		shǔn	
r						ruí	ruǐ	ruì		ruán	ruǎn			rún		
j																
q																
x																
g	guāi		guǎi	guài	guī		guǐ	guì	guān		guǎn	guàn	gūn		gǔn	
k			kuǎi	kuài	kuī		kuǐ	kuì	kuān		kuǎn	kuàn	kūn		kǔn	
h	huāi	huái	huǎi	huài	huī	huí	huǐ	huì	huān	huán	huǎn	huàn	hūn	hún		hùn
o			huāi(歪)													

续表

声母\四声\韵母	uang—wang(汪) 合口呼				ueng—weng(翁)				ong 合口呼				ü—yu(迂) 撮口呼			
	ˉ	ˊ	ˇ	ˋ	ˉ	ˊ	ˇ	ˋ	ˉ	ˊ	ˇ	ˋ	ˉ	ˊ	ˇ	ˋ
b																
p																
m																
f																
z									zōng	zóng	zǒng	zòng				
c									cōng	cóng						
s									sōng	sóng		sòng				
d									dōng	dóng	dǒng	dòng				
t									tōng	tóng	tǒng	tòng				
n										nóng		nòng	nǖ	nǘ	nǚ	nǜ
l									lōng	lóng	lǒng		lǖ	lǘ	lǚ	lǜ
zh	zhuāng								zhōng		zhǒng	zhòng				
ch	chuāng	chuáng							chōng	chóng	chǒng	chòng				
sh	shuāng															
r										róng						
j													jū	jú	jǔ	jù
q													qū	qú	qǔ	qù
x													xū	xú	xǔ	xù
g	guāng		guǎng						gōng		gǒng	gòng				
k	kuāng	kuáng	kuǎng	kuàng					kōng		kǒng	kòng				
h	huāng	huáng	huǎng	huàng					hōng	hóng		hòng				
o																

续表

四呼 / 声母	撮 口 呼															
	üe—yue(约)				üan—yuan(冤)				ün—yun(晕)				iong—yong(用)			
四声	一	ˊ	ˇ	ˋ	一	ˊ	ˇ	ˋ	一	ˊ	ˇ	ˋ	一	ˊ	ˇ	ˋ
b																
p																
m																
f																
z																
c																
s																
d																
t																
n				nüè												
l			lüě													
zh																
ch																
sh																
r																
j	juē	jué			juān		juǎn	juàn	jūn		jǔn	jùn	jiōng		jiǒng	
q	quē	qué			quān	quán	quǎn	quàn		qún	qǔn		qiōng	qióng		
x	xuē	xué		xuè	xuān	xuán	xuǎn	xuàn	xūn	xún		xùn	xiōng	xióng	xiǒng	
g																
k																
h																
o																

六、部分练习答案
Answers to Parts of the Exercises

第 1 课　综合练习

一、

（一）2.

(1) e　(2) a　(3) i　(4) ü　(5) ê　(6) er　(7) u　(8) o

（二）2.

(1) ě　(2) à　(3) ā　(4) yú　(5) ěr　(6) wū　(7) yí　(8) ò

3.

(1) Shì __a__, bú shì __e__; shì __e__, bú shì __a__.

(2) Shì __i__, bú shì __ü__; shì __ü__, bú shì __i__.

(3) Shì __ü__, bú shì __i__; shì __i__, bú shì __ü__.

(4) Shì __u__, bú shì __i__; shì __i__, bú shì __u__.

(5) Shì __o__, bú shì __e__; shì __e__, bú shì __o__.

(6) Shì __e__, bú shì __er__; shì __er__, bú shì __e__.

4.

(1) Shì __mā__（妈）, bú shì __mǎ__（马）; shì __má__（麻）, bú shì __mà__（骂）.

(2) Shì __bō__（播）, bú shì __bǒ__（跛）; shì __bó__（伯）, bú shì __bò__（檗）.

(3) Shì __gē__（哥）, bú shì __gě__（葛）; shì __gé__（格）, bú shì __gè__（个）.

(4) Shì __yī__（衣）, bú shì __yǐ__（椅）; shì __yí__（移）, bú shì __yì__（易）.

(5) Shì __wū__（屋）, bú shì __wǔ__（舞）; shì __wú__（无）, bú shì __wù__（务）.

(6) Shì __yū__（迂）, bú shì __yǔ__（雨）; shì __yú__（鱼）, bú shì __yù__（遇）.

二、2.

(1) wǔyī　　(2) āyí　　(3) èyú

(4) yǔyī　　(5) yúbō　(6) ēyú

3.

(1) ēyú　　(2) wǔyī　(3) yǔyī

(4) èyú　　(5) āyí　　(6) yúbō

第 2 课　综合练习

一、

（一）2.
　　（1）f　　（2）p　　（3）b　　（4）m

（二）2.
　　（1）zh　　（2）z　　（3）t　　（4）d　　（5）sh　　（6）r
　　（7）c　　（8）ch　　（9）n　　（10）s　　（11）l

（三）2.
　　（1）s　　（2）x　　（3）sh　　（4）z　　（5）j
　　（6）zh　　（7）c　　（8）q　　（9）ch

（四）2.
　　（1）g　　（2）h　　（3）f　　（4）p　　（5）k

二、

（一）2.
　　（1）_h é g ǔ_　　（2）_b ā g ǔ_　　（3）_c ū b ù_
　　（4）_l à b ǐ_　　（5）_j ī j í_　　（6）_q ǐ b ù_
　　（7）_x ì j ù_　　（8）_p í f á_　　（9）_s ǎ b ō_
　　（10）_zh á h é_　　（11）_ch ī k ǔ_　　（12）_sh í q ī_
　　（13）_g ā zh ī_　　（14）_m ǎ x ì_　　（15）_d ī b à_
　　（16）_t ǐ g é_　　（17）_n ǔ l ì_　　（18）_r è q ì_
　　（19）_k è b ó_　　（20）_f ā d á_　　（21）_z á j ì_

3.
　　（1）hégǔ　　（2）bāgǔ　　（3）cūbù　　（4）làbǐ
　　（5）jījí　　（6）qǐbù　　（7）xìjù　　（8）pífá
　　（9）sǎbō　　（10）zháhé　　（11）chīkǔ　　（12）shíqī
　　（13）gāzhī　　（14）mǎxì　　（15）dībà　　（16）tǐgé
　　（17）nǔlì　　（18）rèqì　　（19）kèbó　　（20）fādá
　　（21）zájì

4.
　　（1）Shì _b_ízi（鼻子），bú shì _p_ízi（皮子）；
　　　　Shì _p_ízi（皮子），bú shì _b_ízi（鼻子）.
　　（2）Shì _d_ùzi（肚子），bú shì _t_ùzi（兔子）；
　　　　Shì _t_ùzi（兔子），bú shì _d_ùzi（肚子）.

(3) Shì g èrén（个人），bú shì k èrén（客人）；
　　Shì k èrén（客人），bú shì g èrén（个人）.

(4) Shì j ùshì（句式），bú shì q ùshì（去世）；
　　Shì q ùshì（去世），bú shì j ùshì（句式）.

(5) Shì zh āzi（渣子），bú shì ch āzi（叉子）；
　　Shì ch āzi（叉子），bú shì zh āzi（渣子）.

(6) Shì z ìdiǎn（字典），bú shì c ídiǎn（词典）；
　　Shì c ídiǎn（词典），bú shì z ìdiǎn（字典）.

5.

(1) Shì q í r én （奇人），bú shì c í r én （词人）；
　　Shì c í r én （词人），bú shì q í r én （奇人）.

(2) Shì sh ī r én （诗人），bú shì s ī r én （私人）；
　　Shì s ī r én （私人），bú shì sh ī r én （诗人）.

(3) Shì h ú z i （瓠子），bú shì p ù z i （铺子）；
　　Shì p ù z i （铺子），bú shì h ú z i （瓠子）.

(4) Shì N án x ìng （南姓），bú shì L án x ìng （兰姓）；
　　Shì L án x ìng （兰姓），bú shì N án x ìng （南姓）.

(5) Shì h ú z i （胡子），bú shì k ù z i （裤子）；
　　Shì k ù z i （裤子），bú shì h ú z i （胡子）.

(二) 1.（老师读第2题的成语，学生写声母）

（1）b – m – zh – zh　　（2）c – l – o – h　　（3）d – x – sh – sh

（4）f – m – b – zh　　（5）g – sh – j – j　　（6）g – d – r – ch

（7）h – l – j – b　　（8）j – l – o – m　　（9）l – sh – o – o

（10）m – sh – h – ch　　（11）n – h – zh – sh　　（12）q – b – o – h

（13）r – j – t – ch　　（14）s – s – o – x　　（15）t – h – s – b

（16）x – zh – h – o　　（17）z – j – z – l

2.

（1）bá miáo zhù zhǎng　　　　（拔苗助长）

（2）cáng lóng wò hǔ　　　　　（藏龙卧虎）

（3）dà xiǎn shēn shǒu　　　　（大显身手）

（4）fēn miǎo bì zhēng　　　　（分秒必争）

（5）gè shū jǐ jiàn　　　　　　（各抒己见）

（6）gǔ dào rè cháng　　　　　（古道热肠）

（7）hàn liú jiā bèi　　　　　　（汗流浃背）

(8) jià lián wù měi　　　　　　（价廉物美）
(9) liáng shī yì yǒu　　　　　　（良师益友）
(10) miào shǒu huí chūn　　　　（妙手回春）
(11) nù huǒ zhōng shāo　　　　（怒火中烧）
(12) qiān biàn wàn huà　　　　　（千变万化）
(13) rì jiǔ tiān cháng　　　　　（日久天长）
(14) sān sī ér xíng　　　　　　（三思而行）
(15) tán hǔ sè biàn　　　　　　（谈虎色变）
(16) xiāng zhī hèn wǎn　　　　（相知恨晚）
(17) zài jiē zài lì　　　　　　　（再接再厉）

三、

1. Háizi yì chī __bǎo__, mǎshàng wǎng wài __pǎo__.
   孩子一吃 饱,马上往外 跑。

2. Yì zhī __tù__zi zhèng èzhe __dù__zi zhǎo dōngxi chī ne.
   一只 兔 子正饿着 肚 子找东西吃呢。

3. Tā shì __zhuān__ guǎn jiàoyù zhè bǐ __zhuān__ kuǎn de.
   他是专 管教育这笔 专 款的。

4. Tā hěn __shēng__ qì, māma de __jì__ xìng zěnme zhème bù hǎo.
   他很 生 气,妈妈的 记 性怎么这么不好。

5. Wǒ yí __cì__ kěyǐ xiě yìbǎi ge Hàn __zì__.
   我一 次 可以写一百个汉 字。

6. Wǒ __zhī__dào tā měi cì __chī__ duō __shǎo__.
   我 知 道他每次 吃多少。

7. Zhè shì yì běn yǒu __zá__ jì zhàopiān de __zá__ __zhì__.
   这是一本有 杂 技照片的 杂 志。

8. Zài __chí__ __zi__ biān shang yǒu yì gǎn __qí__ __zi__.
   在 池 子边上有一杆 旗 子。

9. Jīntiān __cūn__ __zhuāng__ li de gūniangmen dōu chuānshangle __chūn__ __zhuāng__.
   今天 村 庄 里的姑娘们都穿上了 春 装。

10. Tā shì zhè wèi __shī__ rén de __sī__ rén mìshū.
    他是这位 诗 人的 私 人秘书。

11. Měi ge rén de __zhǔ__ __xiàng__ yào yóu __zì__ __jǐ__ zuòchū juédìng.

每个人的志　向要由自　己作出决定。
12. Kā_f_ēidòu de yánsè shì qiǎn _h_ēisè de.
    咖　啡豆的颜色是浅　黑色的。
13. Jīntiān de _j_iǔ _x_í yí gòng bǎile _j_iǔ _sh_í zhuō.
    今天的酒　席一共摆了九　十桌。

四、

(一) 1.

Yí _g_e lǎo rén tā x ìng Zh ù

Yǒu _g_e lǎo rén tā x ìng Zh ù,
Sh àng j iē d ǎ c ù yòu _m_ ǎi _b_ ù.
T ā d ǎ l e c ù, m ǎi l e b ù,
Lù shang k àn j iàn yīng _d_ iāo t ù.
F àng x ia c ù, d iū l e b ù,
M ǎ shàng q ù zh uī yīng h é t ù.
F ēi l e yīng, p ǎo l e t ù,
D iū l e b ù, s ǎ l e c ù,
M ǎn d ù z i yuān q ū méi ch ù sù.

(二) 1.

Sh í sh ī z i h é s è sh ì z i

D à sh ù shang jiē l e s ì sh í s ì g e s è shì zi,
D à sh ù xià dūn zh e s ì sh í s ì zh ī sh í shī zi;
S ì sh í s ì zh ī sh í shī zi
Ch ī l e s ì sh í s ì g e s è shì zi;
S ì sh í s ì g e s è sh ì z i,
S è s ǐ l e
S ì sh í s ì zh ī sh í sh ī z i.

五、

(一) 1.
Yòu jìn cūn lái.

2.
B. 树 shù

(二) 1.

Jìng yè sī (Lǐ Bái)

Ch uáng q ián m íng yuè g uāng,
Yí sh ì d ì sh ang sh uāng.
J ǔ t óu wàng m íng yuè,
D ī t óu s ī g ù x iāng.

第3课　综合练习

一、

(一) 2.
(1) uai　　(2) üe　　(3) ia　　(4) ai　　(5) uei
(6) ua　　(7) ao　　(8) iou　(9) ou　(10) uo
(11) iao　(12) ie　　(13) ei

(二) 2.
(1) yǒu　　(2) wài　　(3) wǒ　　(4) ài
(5) áo　　(6) yǎo　　(7) yā　　(8) yé
(9) éi　　(10) ǒu　　(11) wèi　(12) wā
(13) yuè

3.
(1) hēi　　(2) bái　　(3) huì　　(4) huài
(5) gǒu　　(6) guō　　(7) jiě　　(8) jiā
(9) huá　　(10) kǎo　　(11) jué　　(12) liū
(13) niǎo

4.
(1) Shì b ái　(白), bú shì h ēi　(黑);
　　shì h ēi　(黑), bú shì b ái　(白).

(2) Shì h ǎo　(好), bú shì h òu　(后);
　　shì h òu　(后), bú shì h ǎo　(好).

(3) Shì j iā　(家), bú shì j iē　(街);

shì j_iē_ （街），bú shì j_iā_ （家）.

(4) Shì g_uō_ （锅），bú shì g_ōu_ （沟）；

shì g_ōu_ （沟），bú shì g_uō_ （锅）.

(5) Shì _yā_ （鸭），bú shì _wā_ （洼）；

shì _wā_ （洼），bú shì _yā_ （鸭）.

(6) Shì _yè_ （夜），bú shì _yuè_ （月）；

shì _yuè_ （月），bú shì _yè_ （夜）.

(7) Shì _yào_ （药），bú shì _yòu_ （又）；

shì _yòu_ （又），bú shì _yào_ （药）.

(8) Shì h_uì_ （会），bú shì h_uài_ （坏）；

shì h_uài_ （坏），bú shì h_uì_ （会）.

二、

2.
（1）q_iú_ j_iù_　　　　（2）k_uò_ ch_uò_　　　　（3）sh_ōu_ g_òu_
（4）k_āi_ c_ǎi_　　　　（5）sh_uāi_ h_uài_　　　（6）j_ué_ j_ué_
（7）t_iē_ q_iè_　　　　（8）p_èi_ b_èi_　　　　　（9）zh_uī_ s_uí_
(10) t_iáo_ l_iào_

3.
（1）guà huā　　　　　（2）zǎocāo　　　　　（3）tiáoliào
（4）shuāihuài　　　　（5）juéjué　　　　　　（6）tiēqiè
（7）pèibèi　　　　　　（8）qiújiù　　　　　　（9）kuòchuò
(10) kāicǎi　　　　　　(11) shōugòu

三、

(1) Wǒ jīntiān qù mǎi píx_ié_, bù mǎi píx_uē_.
我今天去买皮鞋，不买皮靴。

(2) Míngtiān de k_ǎo_ shì shì k_ǒu_ shì háishi bǐshì?
明天的考试是口试还是笔试？

(3) Gēge hé x_iǎo_ m_èi_ yìqǐ qù gē x_iǎo_ m_ài_.
哥哥和小妹一起去割小麦。

(4) Zuótiān t_uī_ x_iāo_ wánjù de rén t_uì_ x_iū_ le.
昨天推销玩具的人退休了。

(5) X_iǎo_ X_ià_ yòu mǎile yí shù x_iǎo_ h_uā_.
小夏又买了一束小花。

(6) Gāngcái g__uò__ qu de shì yī zhī g__ǒu__.
　　刚才 过 去的是一只 狗。

(7) Wài bian de __ǎi__ qiáng d__ōu__ shì báisè de.
　　 外 边的 矮 墙 都 是白色的。

(8) Tā b__ái__ tiān mǎi de táozi, wǎnshang dōu h__uài__ le.
　　他 白 天买的桃子,晚上都 坏 了。

四、
(一) 1.
　　　　Dàb__èi__ hé X__iǎo__ b__èi__

　　Dàb__èi__ hé X__iǎo__ b__èi__,
　　Liǎng rén qù sh__ōu__ m__ài__.
　　Dàb__èi__ bāng X__iǎo__ b__èi__ gē dàm__ài__,
　　X__iǎo__ b__èi__ bāng Dàb__èi__ t__iāo__ x__iǎo__ m__ài__.
　　Liǎng rén sh__ōu__ wán m__ài__,
　　Yìqǐ qù dǎ m__ài__.
　　Dàb__èi__ dǎ x__iǎo__ m__ài__,
　　X__iǎo__ b__èi__ dǎ dàm__ài__.
　　Tāmen d__uì__ d__ài__ m__ěi__ kē m__ài__,
　　Quán d__ōu__ chōngmǎnle __ài__.

(二) 1.
　　　　J__iāo__ j__iāo__、Q__iǎo__ q__iǎo__ hé X__iǎo__ x__iǎo__

　　J__iāo__ j__iāo__ g__uò__ q__iáo__ zh__ǎo__ Q__iǎo__ q__iǎo__,
　　Q__iǎo__ q__iǎo__ g__uò__ q__iáo__ zh__ǎo__ X__iǎo__ x__iǎo__.
　　X__iǎo__ x__iǎo__ q__iáo__ shang yù J__iāo__ j__iāo__,
　　J__iāo__ j__iāo__ q__iáo__ shang yù Q__iǎo__ q__iǎo__,
　　Q__iǎo__ q__iǎo__ q__iáo__ shang yù X__iǎo__ x__iǎo__.
　　Sān rén y__òu__ sh__uō__ y__òu__ shì x__iào__,
　　Yìqǐ qù kàn xīn s__ǎo__ s__ao__.

五、
(一) 1.
　　Cóng xiǎo dào dà.

2.

  B. 尖 jiān

（二）1.

  Shān xíng（Dù Mù）

  Yuǎn shàng hán shān shí jìng x_iá_,

  B_ái_ yún shēng chù _yǒu_ rénj_iā_.

  Tíng chē z_uò_ _ài_ fēng lín wǎn,

  Shuāng _yè_ hóng yú èr _yuè_ h_uā_.

第 4 课 综合练习

一、

（一）2.

(1) iong	(2) ueng	(3) en	(4) uan
(5) iang	(6) ong	(7) in	(8) eng
(9) uang	(10) an	(11) ün	(12) ing
(13) üan	(14) ian	(15) ang	(16) uen

3.

(1) Shì b_àn_（半），bú shì b_èn_（笨）;

  Shì b_èn_（笨），bú shì b_àn_（半）.

(2) Shì q_ián_（前），bú shì q_ín_（秦）;

  Shì q_ín_（秦），bú shì q_ián_（前）.

(3) Shì _wǎn_（晚），bú shì _wěn_（吻）;

  Shì _wěn_（吻），bú shì _wǎn_（晚）.

(4) Shì _yuàn_（院），bú shì _yùn_（运）;

  Shì _yùn_（运），bú shì _yuàn_（院）.

(5) Shì p_àng_（胖），bú shì p_èng_（碰）;

  Shì p_èng_（碰），bú shì p_àng_（胖）.

(6) Shì l_iǎng_（两），bú shì l_ǐng_（领）;

  Shì l_ǐng_（领），bú shì l_iǎng_（两）.

(7) Shì _wàng_（望），bú shì _wèng_（瓮）;

  Shì _wèng_（瓮），bú shì _wàng_（望）.

(8) Shì t_óng_（同），bú shì q_ióng_（穷）;

  Shì q_ióng_（穷），bú shì t_óng_（同）.

(二) 2.
（1）yōng　　（2）yǐng　　（3）àng　　（4）wán　　（5）wèng
（6）ān　　　（7）yán　　（8）èng　　（9）wén　　（10）yuàn
（11）yǎng　　（12）ēn　　（13）yōng　　（14）wǎng　　（15）yùn

二、

2.
（1）b<u>ìng</u> q<u>íng</u>　　（2）x<u>iǎng</u> x<u>iàng</u>　　（3）ch<u>ūn</u> s<u>ǔn</u>
（4）x<u>uán</u> yuǎn　　（5）h<u>àn</u> sh<u>ān</u>　　（6）c<u>óng</u> r<u>óng</u>
（7）zhu<u>àng</u> ku<u>àng</u>　　（8）j<u>ūn</u> x<u>ùn</u>　　（9）g<u>ēn</u> b<u>ěn</u>
（10）q<u>ián</u> x<u>iàn</u>　　（11）j<u>iǒng</u> j<u>iǒng</u>　　（12）zh<u>ěng</u> f<u>ēng</u>
（13）b<u>āng</u> m<u>áng</u>　　（14）b<u>īn</u> l<u>ín</u>　　（15）zh<u>uǎn</u> n<u>uǎn</u>

3.
（1）cóngróng　　（2）zhuàngkuàng　　（3）jūnxùn
（4）gēnběn　　（5）qiánxiàn　　（6）jiǒngjiǒng
（7）zhěng fēng　　（8）bāng máng　　（9）bīnlín
（10）hànshān　　（11）zhuǎn nuǎn　　（12）bìngqíng
（13）xiǎngxiàng　　（14）chūnsǔn　　（15）xuányuǎn

三、

(1) Wǒ jīntiān yìkǒuqì xiěle shí h<u>áng</u> H<u>àn</u> z<u>ì</u>.
　　我今天一口气写了十 <u>行</u> <u>汉</u> <u>字</u>。

(2) Tā l<u>iàn</u> tàijíquán de <u>yàng</u> zi hěn rènzhēn.
　　他 <u>练</u> 太极拳的 <u>样</u> 子很认真。

(3) Xiǎo <u>Wáng</u> gōngzuò hěn máng, měi tiān hěn <u>wǎn</u> cái huí jiā.
　　小 <u>王</u> 工作很忙，每天很 <u>晚</u> 才回家。

(4) <u>Yuǎn</u> <u>yuǎn</u> de tiānshang piāozhe yì duǒ bái <u>yún</u>.
　　<u>远</u> <u>远</u> 的天上飘着一朵白 <u>云</u>。

(5) Bàba d<u>ěng</u> háizi ch<u>àng</u> wán gē cái zǒu.
　　爸爸 <u>等</u> 孩子 <u>唱</u> 完歌才走。

(6) Péngyou shuō <u>yīng</u> yǔ de shēng <u>yīn</u> hěn hǎotīng.
　　朋友说 <u>英</u> 语的声 <u>音</u> 很好听。

(7) Nà zhī <u>wèng</u> shì X<u>ióng</u> māma jiā de bǎobèi.
　　那只 <u>瓮</u> 是 <u>熊</u> 妈妈家的宝贝。

(8) Dàjiā jīntiān wǎnshang dōu t__án__ de h__ěn__ kāixīn.
　　大家今天晚上都 谈 得 很 开心。

四、

(一) 1.

　　　　Xiǎo F__āng__ hé Xiǎo H__uáng__

　Xiǎo F__āng__ hé Xiǎo H__uáng__,
　Yíkuàir huà f__èng__ h__uáng__.
　Xiǎo F__āng__ huà h__uáng__ f__èng__ h__uáng__,
　Xiǎo H__uáng__ huà hóng f__èng__ h__uáng__.
　H__uáng__ f__èng__ h__uáng__ hé hóng f__èng__ h__uáng__,
　Huà de zh__ēn__ xi__àng__ huó f__èng__ h__uáng__,
　Wàng zhe Xiǎo F__āng__ hé Xiǎo H__uáng__.

(二) 1.

　　　　Ch__uán__ hé ch__uáng__

　Wǒ shuō ch__uán__ bǐ ch__uáng__ ch__áng__,
　Tā shuō ch__uáng__ bǐ chu__án__ ch__áng__;
　Wǒ shuō ch__uáng__ bù bǐ ch__uán__ ch__áng__,
　Tā shuō ch__uán__ bù bǐ ch__uáng__ ch__áng__.
　Jiějie shuō ch__uán__ hé ch__uáng__ yíyàng ch__áng__.

五、

(一) 1.

　Bā jiǔ bù lí shí.

　2.

　A. 杂 zá

(二) 1.

　Shēn chuān lǜ yīshang,
　Dù li shuǐwāngwāng,
　Shēng de zǐ ér duō,
　Gè gè hēi liǎntáng.

　2.

　C. 西瓜 xīguā

（三）1.

Sòng Yuán 'èr shǐ Ān xī (Wáng Wéi)

Wèichéng zhāo yǔ yì qīng chén,
Kè shè qīng qīng liǔ sè xīn.
Quàn jūn gèng jìn yì bēi jiǔ,
Xī chū Yáng guān wú gùrén.

（四）1.

Yǐn hú shang chū qíng hòu yǔ (Sū Shì)

Shuǐ guāng liàn yàn qíng fāng hǎo,
Shān sè kōng méng yǔ yì qí.
Yù bǎ Xīhú bǐ Xīzǐ,
Dàn zhuāng nóng mǒ zǒng xiāng yí.

第5课

练习1

2.
(1) jiǔdiàn　　(2) jǐngchá　　(3) wǎncān　　(4) kǒngpà
(5) cǎoyuán　　(6) bǐsài　　(7) zhěng tiān　　(8) shǒudū
(9) dǎsuàn　　(10) guǒrán

练习2

2.
(1) lǎobǎn　　(2) zhǎnlǎnguǎn　　(3) shǒubiǎo
(4) xiǎo lǎohǔ　　(5) lěngyǐn　　(6) xiǎo lǎoshǔ
(7) yǒngyuǎn yǒuhǎo　　(8) wǔ wǎn hǎo jǐngshuǐ

练习3

(1) diànhuà　　(2) biànhuà　　(3) diànshì　　(4) dàijià
(5) shuìjiào　　(6) huìyì　　(7) bàoqiàn　　(8) bànlù
(9) duànliàn

练习 4

(1) yìbān　　(2) yì kǒu　　(3) yì tiān　　(4) xiǎng yi xiǎng

(5) yìlián　　(6) yìshí　　(7) yì zhī　　(8) yìxíng

(9) yì běn　　(10) yìzhí　　(11) yì bǎ　　(12) yìshēn

(13) kàn yi kàn

练习 5

(1) bùjǐn　　(2) búbì　　(3) búdàn　　(4) búduàn

(5) bùjǐn　　(6) búdìng　　(7) bù kě　　(8) jiào bu jiào

(9) bùxiǎng　　(10) bùchéng　　(11) bù hǎo　　(12) búgòu

综合练习

一、

(1) Péngyou sòng wǒ _yí_ duì xiǎo niǎo, fàng zài _yí_ ge xiǎo lóngzi li.
朋友送我 一 对小鸟，放在 一 个小笼子里。

(2) Tàiyáng _yí_ bù _yí_ bù de nǔlì xiàng shàngmian shēng qilai.
太阳 一 步 一 步地努力向上面升起来。

(3) Méiyǒu _yí_ piàn lǜ yè, méiyǒu _yì_ lǚ chuīyān, méiyǒu _yí_ lì nítǔ, méiyǒu _yì_ sī huā xiāng. Zhǐyǒu shuǐ de shìjiè, yún de hǎiyáng.
没有 一 片绿叶，没有 一 缕炊烟，没有 一 粒泥土，没有 一 丝花香。只有水的世界，云的海洋。

(4) Kě xiǎo niǎo, gěi shuǐ, _bù_ hē! Wèi ròu, _bù_ chī! Yóuliàng de yǔmáo shīqùle guāngzé.
可小鸟，给水 不 喝！喂肉， 不 吃！油亮的羽毛失去了光泽。

(5) Qiáoqù, _yí_ dà piàn _yí_ dà piàn mǎn dì dōu shì.
瞧去， 一 大片 一 大片满地都是。

(6) _Yì_ guō xiǎomǐ xīfàn, _yì_ dié dàtóucài, _yì_ pán zìjiā niàngzhì de pàocài, _yì_ zhī xiàngkǒu mǎihuí de kǎoyā.
一 锅小米稀饭， 一 碟大头菜， 一 盘自家酿制的泡菜， 一 只巷口买回的烤鸭。

(7) Wǒ _bú_ zàihu biérén de pīpíng yìjiàn, _bú_ zàihu biérén de dǐhuǐ liúyán, zhǐ zàihu nà _yí_ fèn suí xīn suǒ yù de shūtan zìrán.
我 不 在乎别人的批评意见， 不 在乎别人的诋毁流言，只在乎那 一 份随心所欲的舒坦自然。

(8) Tā pǔtōng de hé nǐ _yí_ yàng, _yí_ yàng de chéngshí, _yí_ yàng de rèqíng,

___yí___ yàng de yǔ rén wéi shàn.
　　他普通得和你 一 样，一 样的诚实，一 样的热情，一 样的与人为善。

二、

（一）1.

Mù é shàonián

Chángcháng ___yì___ tiáo hé,
Hé shang ___yì___ qún é.
Mù é ___yí___ shàonián,
Kǒu zhōng chàng shāngē.
Fēilai ___yì___ zhī yīng,
Shàonián jǔ qiāng shè.
Shèsǐ ___yì___ zhī yīng,
Xiàpǎo ___yì___ qún é.

（二）1.

Xiǎo Bái hé Xiǎo Dài

Xiǎo Bái hé Xiǎo Dài,
___Yí___ kuàir qù mǎi cài.
Xiǎo Bái ___bù___ mǎi lǎo bōcài,
Xiǎo Dài ___bù___ mǎi xiǎo báicài.
Dào zuìhòu,
Xiǎo Bái mǎile ___yí___ ge yángbáicài,
Xiǎo Dài mǎile ___yì___ jīn huánghuācài.

三、

（一）1.

　　Yì diǎnr yì diǎnr yòu yì diǎn.

　2.

　　C. 汉 hàn

（二）1.

　　yí ge xiǎo běn bù xúncháng,
　　Yǔlù shuāng xuě jì de xiáng,
　　Guòle yì tiān sī yí yè,
　　Sīwán zài sī dì-yī zhāng.

　2.

　　B. 日历 rìlì

（三）1.

Jué Jù (Dù Fǔ)

Liǎng ge huánglí míng cuì liǔ,
___Yì___ háng báilù shàng qīngtiān.
Chuāng hán Xīlǐng qiānqiū xuě,
Mén bó Dōngwú wàn lǐ chuán.

（四）1.

Jiǔ yuè jiǔ rì yì Shāndōng xiōngdì (Wáng Wéi)

Dú zài yìxiāng wéi yì kè,
Měi féng jiājié bèi sī qīn.
Yáo zhī xiōngdì dēnggāo chù,
Biàn chā zhūyú shǎo yì rén.

第6课

练习1

2.
(1) duìwu　　(2) běnzi　　(3) chúle　　(4) dāozi
(5) dàye　　(6) fúqi　　(7) bùfen　　(8) dǎting
(9) chēzi　　(10) dàifu　　(11) gōngfu　　(12) rènao

3.
(1) gūniang　　(2) guānxi　　(3) zhīshi　　(4) háizi
(5) dōngxi　　(6) pútao　　(7) huópo　　(8) shāngliang
(9) jìxing　　(10) pánzi　　(11) xiānsheng　　(12) júzi
(13) kǒudai　　(14) lìhai　　(15) kùnnan　　(16) máli
(17) míngzi　　(18) kuàizi　　(19) mǎimai　　(20) miànzi

练习2 (老师读下面的答案)

(1) A. jiēshi (结实)　　(2) B. màozi (帽子)
(3) B. míngbai (明白)　　(4) A. nánwei (难为)
(5) B. nuǎnhuo (暖和)　　(6) A. páizi (牌子)
(7) A. piányi (便宜)　　(8) B. piàoliang (漂亮)
(9) A. qīnqi (亲戚)　　(10) A. rénmen (人们)
(11) B. shāngliang (商量)　　(12) A. shūfu (舒服)
(13) B. shēngyi (生意)　　(14) B. shíhou (时候)
(15) A. shìqing (事情)　　(16) B. tóufa (头发)
(17) A. xiānsheng (先生)　　(18) B. yàoshi (钥匙)
(19) A. xiūxi (休息)　　(20) A. zěnme (怎么)

综合练习

一、

(一) 2.

(1) bù hánhu　　　(2) chén gǔzi làn zhīma
(3) bù hǎoyìsi　　(4) xiāngbōbo
(5) yǒu jiǎngjiu　(6) dǎ guānsi
(7) chéng qìhou　 (8) zuān kòngzi
(9) dǎ máifu　　　(10) mènhúlu
(11) chī kǔtou　　(12) sā yāzi
(13) rào wānzi　　(14) wǔ gàizi
(15) cháng tiántou (16) bān shítou

(二) 2.

(1) bēizhe bàozhe yì bān chén
(2) chéng rén bú zìzai, zìzai bù chéng rén
(3) chī rénjia de zuǐ duǎn, ná rénjia de lǐ duǎn
(4) bānqǐ shítou dǎ zìjǐ de jiǎo
(5) bànlù shang shāchū ge Chéng Yǎojīn
(6) bǎ kānjiā de běnshi dōu ná chulai

二、

(1) Zài chuán shang, wèi le kàn rìchū, wǒ tèdì qǐ le ge dà zǎo.
　　在<u>船</u> <u>上</u>，<u>为</u> <u>了</u>看日出，我特地<u>起</u> <u>了</u> <u>个</u>大早。

(2) Shān lǎngrùn qi lai le, shuǐ zhǎng qi lai le, tài yáng de liǎn hóng qi lai le.
　　山朗润<u>起</u> <u>来</u> <u>了</u>，水涨<u>起</u> <u>来</u> <u>了</u>，太阳的脸红<u>起</u> <u>来</u> <u>了</u>。

(3) Shíqiáo biān, yǒu chēng qi sǎn mànmàn zǒu de rén, dì li hái yǒu gōng zuò de nóngmín, pī zhe suō dài zhe lì.
　　石桥边，有<u>撑</u> <u>起</u>伞慢慢<u>走</u>的人，<u>地</u> <u>里</u>还有<u>工</u> <u>作</u>的农民，<u>披</u> <u>着</u>蓑<u>戴</u> <u>着</u>笠。

(4) Wǎnfàn guò hòu, huǒshāoyún shàng lai le. Dà bái gǒu biànchéng hóng de le, hóng gōng jī biànchéng jīn de le, hēi mǔ jī biànchéng zǐtán sè de le.
　　晚饭过后，火烧云<u>上</u> <u>来</u> <u>了</u>。大白狗变成<u>红</u> <u>的</u> <u>了</u>，红公鸡变成<u>金</u> <u>的</u> <u>了</u>，黑母鸡变成紫檀<u>色</u> <u>的</u> <u>了</u>。

三、

（一）1.

Shàn zi

Wū zi li fàng zhe guì zi,
Guì zi li fàng zhe xiāng zi,
Xiāng zi li fàng zhe hé zi,
Hé zi li fàng zhe shàn zi.

Shàn zi fàng zài hé zi li,
Hé zi fàng zài xiāng zi li,
Xiāng zi fàng zài guì zi li,
Guì zi fàng zài wū zi li.

（二）1.

Zhāi guǒ zi

Yī èr sān、sān èr yī,
Yī èr sān sì wǔ liù qī,
Qī ge hái zi lái zhāi guǒ,
Qī ge lán zi shǒu zhōng tí;
Qī ge guǒ zi qī ge yàng,
Píngguǒ、xiāngjiāo、jú zi、shì zi、lǐ zi、lì zi、lí.

四、

（一）1.

Rén tuō yīfu,
Tā chuān yīfu;
Rén zhāi màozi,
Tā dài màozi.

2.

C. 衣架 yījià

（二）1.

Liǎn shang liàngguāngguāng,
Zuò zài zhuōzi shang,
Mèimei pǎo guolai,
Qǐng tā zhào ge xiàng.

2.

B. 镜子 jìngzi

(三) 1.

Jiǎrú nǐ zhēn de ài wǒ

Jiǎrú nǐ zhēn de ài wǒ,
Tā méiyǒu Cháng Jiāng de hóngwěi,
Qiǎnqiǎn de liúshuǐ,
Què cóng bù gānhé,
Jiǎrú nǐ zhēn de ài wǒ,
Tā méiyǒu xióngxióng de lièyàn,
Yí diǎnrán zìjǐ wéi zhōngshēn shìyè,
Zhù rén wéi lè.
Qǐng nǐ xiān ài zhè tiáo xiǎo hé;
Qǐng nǐ xiān ài zhè zhī zhú huǒ.

Qǐng nǐ xiān ài zhè tiáo xiǎo hé,
Yě méiyǒu dà hǎi de zhuàngkuò.
Tiàodàng zhe qīng bō,
Cóng bù húnzhuó.
Qǐng nǐ xiān ài zhè zhī zhú huǒ,
Yě méiyǒu hūxiào de shēngsè,
Què cóng bù fǎnhuǐ,
Jiǎrú nǐ zhēn de ài wǒ,
Jiǎrú nǐ zhēn de ài wǒ,

第7课

练习1

2.

(1) zài nǎr　　　(2) huǒ guōr　　　(3) hào mǎr
(4) shǒu tàor　　(5) yí xiàr　　　(6) hóng bāor
(7) yá shuār　　(8) kāi qiàor　　(9) xiǎo tōur
(10) miàn tiáor　(11) zhǔ juér　　(12) yǒu shùr
(13) xiǎo shuōr　(14) lèi zhūr　　(15) ěr mór
(16) jiā yóur　　(17) fěn mòr　　(18) xiǎo chēr
(19) dà huǒr　　(20) lǎo tóur

练习2

2.

(1) jiā sāir　(2) xiǎoháir　(3) húgàir　(4) xiǎoyǔr
(5) wányìr　(6) míngpáir　(7) yíhuìr　(8) yǒuqùr

练习3

2.

(1) luòkuǎnr　　　(2) lāliànr　　　(3) chàdiǎnr

（4）huāpénr　　（5）rényuánr　　（6）liáo tiānr

（7）méi zhǔnr　（8）yǎnjìngr　　（9）lǎobànr

（10）hǎowánr

练习 4

2.

（1）yíxiàr　　　　（2）huǒguōr

（3）hàomǎr　　　（4）miàntiáor

（5）xiǎotōur　　　（6）xiǎoháir

（7）yíhuìr　　　　（8）cháguǎnr

（9）yízhènr　　　（10）jiā yóur

（11）yàofāngr　　（12）méi zhǔnr

（13）yǎnjìngr　　（14）gēcír

综合练习

一、

（一）2.

（1）bào yì tóur　　（2）zǒu bǎnr　　　（3）bá jiānr

（4）yìgǔnǎor　　　（5）zǒu hòuménr　（6）chōng dà gèr

（7）kōuménr　　　（8）chuī dēngr　　（9）chūshùr

（10）dài cìr　　　　（11）huàbàr　　　　（12）kāi yóur

3.

（1）zǒu hòuménr　（2）bā zì méi yì piěr　（3）chōng dà gèr

（4）yìgǔnǎor　　　（5）bá jiānr　　　　　（6）kōuménr

（7）huàbàr　　　　（8）zǒu bǎnr

（二）

(1) dōng chī luóbo xià chī jiāng, bù láo yīshēng kāi yàofāngr

(2) lǜ dòur shì "Jì shì zhī gǔ"

(3) kě yí rì wú ròu, bùkě yí rì wú dòur

(4) zhēnbír dà de kǒng, dǒu dà de fēng

(5) zhēnjiānr duì màimáng

二、

(1) Cóng zhōng chuánchū dír bān yòu xì yòu liàng niǎor de jiào shēng.
从中传出 笛儿 般又细又亮 鸟儿 的叫声。

(2) Zhè xiǎo jiāhuo yí huìr luò zài guì dǐng shang, yí huìr shénqì shízú de zhàn zài shūjià shang.
这小家伙 一 会儿 落在柜顶上， 一 会儿 神气十足地站在书架上。

(3) Tā ràozhe wǒ de bǐ jiānr bènglái bèngqù.
它绕着我的 笔 尖儿 蹦来蹦去。

(4) Shù yèr què lǜ de fā liàng, xiǎo cǎor yě qīng de bī nǐ de yǎn.
 树 叶儿 却绿得发亮， 小 草儿 也青得逼你的眼。

(5) Suízhe zhè yì shēng jīng jiào, wǒ hé qítā yóukè yí kuàir yǒngshang qián qù.
随着这一声惊叫,我和其他游客 一 块儿 涌上前去。

(6) Xuě xià de hěn dà. Kāishǐ hái bànzhe yí zhènr xiǎoyǔ, bùjiǔ jiù zhǐ jiàn dà piàn dà piàn de xuěhuā, cóng tiānkōng zhōng piāoluò xialai.
雪下得很大。开始还伴着 一 阵儿 小雨，不久就只见大片大片的雪花，从天空中飘落下来。

(7) Xiǎo nán háir jiù zhème zhànzhe, jì bù qiánjìn yě bú hòutuì, zhǐshì gùzhí de zhùshìzhe zìjǐ de qiánfāng.
 小 男 孩儿 就这么站着，既不前进也不后退，只是固执地注视着自己的前方。

(8) Hǎo hāor gōngzuò, zhùyì shēntǐ.
 好 好儿 工作，注意身体。

(9) Yángguāng xié shè zài shānyāo shang, nà diǎnr báo xuě hǎoxiàng hūrán hàixiū, wēiwēi lùchū diǎnr fěn sè.
阳光斜射在山腰上，那 点儿 薄雪好像忽然害羞，微微露出 点儿 粉色。

(10) Shānpō shang yǒude dìfang cǎo sè hái lùzhe; zhèyàng yí dàor bái, yí dàor àn huáng, gěi shānmen chuānshang yí jiàn dài shuǐ wénr de huā yī.
山坡上有的地方草色还露着;这样 一 道儿 白， 一 道儿 暗黄，给山们穿上一件 带 水 纹儿 的花衣。

三、

(一) 1.

Biǎndan hé bǎnd èngr

Biǎndan cháng, bǎnd èngr kuān,

Biǎndan méiyǒu bǎnd èngr kuān,

Bǎnd èngr méiyǒu biǎndan cháng.

Biǎndan yídìng yào bǎng zài bǎnd èngr shang,

Bǎnd èngr bú ràng biǎndan bǎng zài bǎnd èngr shang,

Biǎndan piān yào bǎng zài bǎnd èngr shang,

Zuìhòu shì,

Biǎndan méi néng bǎng zài bǎnd èngr shang.

(二) 1.

Zhāngjiāzh uāngr hé Lǐjiāzh uāngr

Cóngqián yǒu ge Zhāngjiāzh uāngr,

Cūn qián yǒu zuò gāo shān;

Cóngqián yǒu ge Lǐjiāzh uāngr,

Cūn hòu yǒu ge hétān.

Cóng Zhāngjiāzh uāngr dào Lǐjiāzh uāngr,

Yào pān gāogāodīdī de shān,

Yào guò wānwānqūqū de tān.

Dǎ tōng shān, tián píng tān,

Cóng Zhāngjiāzh uāngr dào Lǐjiāzh uāngr,

Bù pá shān, bú guò tān,

Yì tiáo dàlù píngtǎntǎn,

Láiláiwǎngwǎng bú kùnnan.

四、

(一) 1.

Shí liǎng duō yì diǎnr.

2.

A. 斥 chì

(二) 1.

Yí ge lǎotóur,

Bù pǎo bù zǒu;

Qǐng tā shuì jiào,

Tā jiù yáo tóu.

2.

C. 不倒翁 bùdǎowēng

（三）
Wǒ ài jīnsè de qiūtiān

Bìkōng tiān gāo yún dàn,
Dàdì yángguāng cànlàn,
Shān pī hóng,
Shuǐ zhànlán,
Guǒ mǎn zhī,
Guā mǎn yuán.
Píngguǒ xiàng hóng huā duǒduǒ,
Pútao xiàng zhēnzhū chuànchuàn.
Gǔ<u>suì</u>r yíng fēng qǐ wǔ,
Mián<u>táo</u>r zhànkāi xiàoliǎn.
Běiguó fēngyè hóng,
Xī Hú júhuā yàn,
Dōnghǎi yú'ér féi,
Nánjiāng lìzhī tián.
Wǒ ài fēngshōu de jìjié,
Wǒ ài jīnsè de qiūtiān.

第 8 课　综合练习

一、2.（老师读下面的答案）

(1) A. duō chī ra　　　（多吃啊）
(2) B. bié shuō ya　　　（别说呀）
(3) B. zhēn máng nga　（真忙啊）
(4) A. dǎ qiú wa　　　（打球哇）
(5) B. zhēn kě ya　　　（真渴呀）
(6) A. hǎo lěng nga　　（好冷啊）
(7) A. bié sī [z]a　　　（别撕啊）
(8) B. huí jiā ya　　　（回家啊）
(9) A. kuài qǐ ya　　　（快起呀）
(10) B. hěn shòu wa　　（很瘦哇）

二、1.

(1) Qīngchén, xiǎo niǎo biàn chǎngkāi měilì de gēhóu, <u>chàng nga</u> chàng, yīngyīng

yǒu yùn.

清晨,小鸟便敞开美丽的歌喉,唱 啊 唱,嘤嘤有韵。

(2) Shì ra, wǒmen yǒu zìjǐ de zǔguó, xiǎo niǎo yě yǒu tā de guīsù.

是 啊,我们有自己的祖国,小鸟也有它的归宿。

(3) Tàiyáng tā yǒu jiǎo wa, qīngqīngqiāoqiāo de nuóyí le; wǒ yě mángmángrán gēnzhe xuánzhuǎn.

太阳他有 脚 哇,轻轻悄悄地挪移了;我也茫茫然跟着旋转。

(4) Wǒ wèi shénme piān báibái zǒu zhè yì zāo wa?

我为什么偏白白走这一 遭 哇?

(5) Wǒ hǎo xiànmù tā men na.

我好羡慕 他 们 哪。

(6) Cǎi yànwō de juéjì, yí dàidài de chuán xialai le, kě zhēn shì yì fāng shuǐtǔ yǎng yì fāng rén na.

采燕窝的绝技,一代代地传下来了,可真是一方水土养一方 人 哪。

(7) Mǎn qiáo háo xiào mǎn qiáo gē ya!

满桥豪笑满桥 歌 呀!

(8) Diēdǎo le, cóng tóu gàn, zhēn shì bǎi zhé bù huí ya!

跌倒了,从头干,真是百折不 回 呀!

(9) Tā shuō:"Xíng nga."

他说:"行 啊。"

(10) Jiāowài de jǐngsè zhēn měi ya!

郊外的景色真 美 呀!

2.

(1) Jiāowài de jǐngsè zhēn měi ya!

(2) Tā shuō:"Xíng nga."

(3) Diēdǎo le, cóng tóu gàn, zhēn shì bǎi zhé bù huí ya!

(4) Mǎn qiáo háo xiào mǎn qiáo gē ya!

(5) Cǎi yànwō de juéjì, yí dàidài de chuán xialai le, kě zhēn shì yì fāng shuǐtǔ yǎng yì fāng rén na.

(6) Wǒ hǎo xiànmù tāmen na.

(7) Wǒ wèi shénme piān báibái zǒu zhè yì zāo wa?

(8) Tàiyáng tā yǒu jiǎo wa, qīngqīngqiāoqiāo de nuóyí le; wǒ yě mángmángrán gēnzhe xuánzhuǎn.

(9) Qīngchén, xiǎo niǎo biàn chǎngkāi měilì de gēhóu, chàng nga chàng, yīngyīng yǒu yùn.

(10) Shì ra, wǒmen yǒu zìjǐ de zǔguó, xiǎo niǎo yě yǒu tā de guīsù.

三、1.

Dà zuǐ gūniang

Yí ge dà zuǐ gūniang, wèile ràng zuǐ xiǎn de xiǎo diǎnr, shuōhuà shí, zǒng tiāo dài "u" yùnmǔ de zì shuō.

A: Nín guì xìng nga?

B: Wǒ xìng Gù.

A: Nín jiào shénme míngzì [z]a?

B: Wǒ jiào Gù Sù.

A: Nín jīnnián duō dà le?

B: Èrshíwǔ.

A: Nín zài nǎr gōngzuò ya?

B: Zài jùlèbù.

A: Nín fùzé shénme huódòng nga?

B: Guǎn tiàowǔ.

A: Nín huì shénme yuèqì ya?

B: Huì dǎ gǔ.

A: Nín hái huì shénme ya?

B: Lā èrhú.

A: Nín gāngcái qù nǎr le?

B: záhuò pù.

A: Nín mǎile shénme ya?

B: Yì píng cù.

A: Nín de tíbāo zěnme shī le?

B: Āiyā, bù hǎo la, cù quán sǎ la.

四、

(一) 1.

Liǎng ěr dōu néng tīngdào wa.

2.

B. 耶 yē

(二) 1.

Wǔ ge xiōngdì ya,

Zhù zài yìqǐ ya,
Míngzì dōu bù tóng nga,
Gāo'ǎi yě bù qí ya.

2.

B. 五指 wǔzhǐ

(三) 1.

Tiányě de zǎochen

Tiányě shang shēngqǐ de tàiyáng nga,
Yìnghóngle wǒ de juànliàn.
Hóng rì cóng wǒ xīndǐ de dìpíngxiàn yuèchū wa,
Tā yào qù hǎo yuǎn hǎo yuǎn de dìfang.
Kuàngyě shang yì lǚ dài xiāng qì de qīng shā ya,
Chuīkāile tiányě de dàmén.
Zǎochen huà zuò yì kē lùzhū yǐnqùle ya,
Zěnme yě zhǎo bu dào tā zài nǎr.
Zhǐyǒu cóng cūnshè zǒuchu de rénmen na,
Qīng tàzhe sìchù de fēnfāng.
Wǒ de gēshēng huánràozhe jiāxiāng de shùlín na,
Zhīchéngle yì zhāng tòumíng de dà wǎng.
Wǒ bǎ quánbù de ài ya,
Gēzhì zài jiāxiāng de měi yí piàn yè, měi yì kē cǎo, měi yí kuài tiányě shang.
Ò, lí bu kāi de jiāxiāng nga!

第 9 课

练习 1

（1）mùtou　　（木头）　　（2）yīfu　　（衣服）
（3）lǎngdú　　（朗读）　　（4）yìsi　　（意思）
（5）qīngchu　　（清楚）　　（6）pǎo bù　　（跑步）
（7）tèdiǎn　　（特点）　　（8）kěkǒu　　（可口）
（9）chēzhàn　　（车站）　　（10）cāochǎng　　（操场）

练习 2

(1) <u>Tā</u> shì shuí?
(2) Nǐmen <u>gāngcái shàng nǎr qù</u> le?

(3) Zhè zhǒng dōngxi zěnme chī?

(4) Jīntiān rè, zuótiān lěng.

(5) Wǒ shūshu shì jiàoshòu .

练习 4

(1) Tā jīnnián shíbā suì, shì ge dàxuéshēng →.
    他今年十八岁,是个大学生。

(2) Dōu yǒu jí shì, dōu bù pái duì, hái xiànghuà ma ↑?
    都有急事,都不排队,还像话吗?

(3) Sìyí, nǐ jīntiān ràng wǒ lái yǒu shénme shì ma ↑?
    四姨,你今天让我来有什么事吗?

(4) Nǐmen bǎ wūzi nòng de zhème luàn, kàn māma huílai pīpíng bu pīpíng nǐ ↑.
    你们把屋子弄得这么乱,看妈妈回来批评不批评你。

(5) Tā yě shì lǎoshī ↑?
    他也是老师?

(6) Ràng xiǎo gǒu xiān chūqu ba ↓.
    让小狗先出去吧。

(7) Hái chī ne, zài chī jiù pàng de zǒu bu dòng le ↑.
    还吃呢,再吃就胖得走不动了。

综合练习

一、

(一) 1.
Míngmíng yǒu rén xiāng bàn,
Què hái bú gòu yì rén.

2.
B. 伴 bàn

(二) 1.
Wūzi fāngfāng,
Yǒu mén méi chuāng,
Wū wài hěn rè,
Wū li bīngshuāng.

2.
C. 电冰箱 diànbīngxiāng

（三）1.

Shān jū qiū míng（Wáng Wéi）

Kōng shān xīn yǔ hòu,
Tiānqì wǎn lái qiū.
Míng yuè sōng jiān zhào,
Qīngquán shí shang liú.
Zhú xuān guī huàn nǚ,
Lián dòng xià yúzhōu.
Suíyì chūn fāng xiē,
Wángsūn zì kě liú.

（四）1.

Bó chuán Guāzhōu（Wáng Ānshí）

Jīngkǒu Guāzhōu yì shuǐ jiān,
Zhōngshān zhǐ gé shù chóng shān.
Chūnfēng yòu lǜ jiāngnán àn,
Míng yuè hé shí zhào wǒ huán.

二、1.

（1）Yǒu yí wèi chuánzhǎng, dāng tā de lúnchuán fǎnháng shí, tūrán yùdàole hěn dà de fēngbào.

有一位船长，当他的轮船返航时，突然遇到了很大的风暴。

（2）Shuǐshǒumen yòu jǐnzhāng yòu hàipà.

水手们又紧张又害怕。

（3）Lǎo chuánzhǎng guǒduàn de ràng shuǐshǒumen lìkè dǎkāi huòcāng, ràng shuǐ jìn chuán.

老船长果断地让水手们立刻打开货舱，让水进船。

（4）Chuánzhǎng shì bu shì bìng le, wǎng chuán li fàng shuǐ, zhǐ huì zēngjiā chuán de yālì, shǐ chuán xià chén, zhè bú shì děng sǐ ma?

船长是不是病了，往船里放水，只会增加船的压力，使船下沉，这不是等死吗？

（5）Kànzhe chuánzhǎng yánlì de yàngzi, shuǐshǒumen háishi zhào zuò le.

看着船长严厉的样子，水手们还是照做了。

（6）Suízhe huòcāng de shuǐwèi yuè shēng yuè gāo, suízhe chuán yìdiǎnr yìdiǎnr de xià chén, měngliè de fēnglàng duì chuán de wēixié yě zài yìdiǎnr yìdiǎnr de jiǎnshǎo, chuán píngwěn le.

随着货舱的水位越升越高,随着船一点儿一点儿地下沉,猛烈的风浪对船的威胁也在一点儿一点儿地减少,船平稳了。

（7）Bǎi dūn de chuán hěn shǎo yǒu bèi dǎfān de, bèi dǎfān de dōu shì gēnjī qīng de xiǎo chuán.

百吨的船很少有被打翻的,被打翻的都是根基轻的小船。

（8）Chuán zài fùzhòng shí, shì zuì ānquán de, kōng de chuán, cái shì zuì wēixiǎn de.

船在负重时是最安全的,空的船,才是最危险的。

（9）Zhè jiù shì "yālì xiàoyìng".

这就是"压力效应"。

（10）Nàxiē méiyǒu yālì de rén, jiù xiàng kōng chuán yíyàng, zhǐyào yǒu yìdiǎnr fēnglàng, jiù huì bèi dǎfān.

那些没有压力的人,就像空船一样,只要有一点儿风浪,就会被打翻。

2.

压 力

有一位船长,// 当他的轮船返航时,// 突然遇到了/ 很大的风暴。/// 水手们/ 又紧张/ 又害怕,// 老船长/ 果断地/ 让水手们立刻打开货舱,// 让水进船。/// "船长/ 是不是病了,// 往船里放水,// 只会增加船的压力,// 使船/ 下沉,// 这不是等死吗？" /// 一个年轻的水手/ 小声地说。///

看着/ 船长严厉的样子,// 水手们/ 还是照做了。/// 随着货舱的水位/ 越升越高,// 随着船/ 一点儿一点儿地/ 下沉 ,// 猛烈的风浪/ 对船的威胁/ 也在/ 一点儿一点儿地/ 减少,// 船/ 平稳了。///

船长/ 望着放了心的水手们/ 说:"百吨的船/ 很少有被打翻的,// 被打翻的/ 都是根基轻的小船。/// 船/ 在负重时,// 是/ 最安全的,// 空的船,// 才是/ 最危险的。" ///

这/ 就是"压力效应"。/// 那些没有压力的人,// 就像空船一样,// 只要有一点儿风浪,// 就会被打翻。///

七、课后自测题答案
Answers to After Class Self-test Exercises

第 1 课

一、

（一）

1. 啊 (a)   2. 二 (er)   3. 婀 (e)   4. 乌 (u)
5. 衣 (i)   6. 迂 (ü)   6. 喔 (o)

（二）

1. é鹅   2. ǎ啊   3. ěr耳   4. yí姨   5. wǒ我   6. yú鱼   7. wù雾

二、

（一）

1. 乌鱼 (wu)(yu)   2. 阿姨 (a)(yi)   3. 雨衣 (yu)(yi)
4. 余波 (yu)(o)   5. 武艺 (wu)(yi)   6. 阿婀 (e)(yu)
7. 饿死 (e)(-i)

（二）

1. 拾遗   2. 植物   3. 日出   4. 乌鱼
5. 二十   6. 至于   7. 饿死   8. 衣食
9. 食物   10. 识字   11. 武艺   12. 余波
13. 雨衣   14. 阿姨

第 2 课

一、

（一）

1. 把 (b)   2. 葡 (p)   3. 妈 (m)   4. 发 (f)
5. 租 (z)   6. 次 (c)   7. 司 (s)   8. 打 (d)
9. 图 (t)   10. 拿 (n)   11. 离 (l)   12. 这 (zh)
13. 吃 (ch)   14. 师 (sh)   15. 如 (r)   16. 几 (j)

200

17. 起 (q)　　18. 习 (x)　　19. 哥 (g)　　20. 可 (k)
21. 会 (h)

(二)

1. 把ˇ　　2. 葡´　　3. 妈ˉ　　4. 发ˉ　　5. 租ˉ　　6. 次ˋ
7. 司ˉ　　8. 打ˇ　　9. 图´　　10. 拿´　　11. 离´　　12. 这ˋ
13. 吃ˉ　　14. 师ˉ　　15. 如´　　16. 几ˇ　　17. 起ˇ　　18. 习´
19. 哥ˉ　　20. 可ˇ　　21. 会ˋ

二、

(一)

1. 杂技 (z)(j)　　2. 体格 (t)(g)　　3. 吃苦 (ch)(k)
4. 起居 (q)(j)　　5. 疲乏 (p)(f)　　6. 粗心 (c)(x)
7. 努力 (n)(l)　　8. 时间 (sh)(j)　　9. 喜剧 (x)(j)
10. 马达 (m)(d)　　11. 广播 (g)(b)　　12. 蜡笔 (l)(b)
13. 热情 (r)(q)　　14. 咖啡 (k)(f)　　15. 堤坝 (d)(b)
16. 闸盒 (zh)(h)　　17. 集中 (j)(zh)　　18. 刻薄 (k)(b)

(二)

1. 广ˇ播ˉ　　2. 蜡ˋ笔ˇ　　3. 热ˋ烈ˋ　　4. 咖ˉ啡ˉ
5. 马ˇ达´　　6. 努ˇ力ˋ　　7. 堤ˉ坝ˋ　　8. 时´期ˉ
9. 戏ˋ曲ˇ　　10. 集´中ˉ　　11. 刻ˋ苦ˇ　　12. 起ˇ床´
13. 杂´志ˋ　　14. 体ˇ验ˋ　　15. 疲´乏´　　16. 吃ˉ苦ˇ
17. 粗ˉ心ˉ　　18. 闸´门´

第 3 课

一、

(一)

1. 白 (ai)　　2. 家 (ia)　　3. 姐 (ie)
4. 回 (ui)　　5. 飞 (ei)　　6. 花 (ua)
7. 学 (ue=üe)　　8. 要 (yao)　　9. 毛 (ao)

10. 错 (uo)   11. 外 (wai)   12. 留 (iu)
13. 头 (ou)

(二)

1. 白́   2. 飞̄   3. 毛́   4. 要̀   5. 家̄   6. 错̀
7. 头̌   8. 姐̌   9. 外̌   10. 学̄   11. 花̌   12. 会̀
13. 留̌

二、
(一)

1. 开头 (ai)(ou)   2. 早飞 (ao)(ei)   3. 昨夜 (uo)(ye)
4. 外围 (wai)(wei)   5. 收买 (ou)(ai)   6. 牙花 (ya)(ua)
7. 约会 (yue)(ui)   8. 料酒 (iao)(iu)   9. 采花 (ai)(ua)
10. 配角 (ei)(ue=üe)   11. 牦牛 (ao)(iu)   12. 假冒 (ia)(ao)
13. 追究 (ui)(iu)

(二)

1. 开头̄́   2. 早操̌̄   3. 昨夜́̀   4. 外围̀́
5. 收买̄̌   6. 牙齿́̌   7. 约会̄̀   8. 料酒̀̌
9. 采花̌̄   10. 配角̀́   11. 牦牛́́   12. 假冒̌̀
13. 追查

第4课

一、
(一)

1. 安 (an)   2. 分 (en)   3. 旁 (ang)   4. 请 (ing)
5. 天 (ian)   6. 银 (yin)   7. 羊 (yang)   8. 翁 (weng)
9. 欢 (uan)   10. 温 (wen)   11. 窗 (uang)   12. 同 (ong)
13. 选 (uan=üan)   14. 远 (yuan)   15. 冷 (eng)   16. 拥 (yong)

(二)

1. 选̌   2. 欢̄   3. 田́   4. 分̄   5. 圆́   6. 温̄

7. 痛ˋ 8. 请ˇ 9. 安－ 10. 羊ˊ 11. 远ˇ 12. 拥－

13. 翁－ 14. 运ˋ 15. 旁ˊ 16. 信ˋ

二、

(一)

1. 半天 (an)(ian)　　2. 明年 (ing)(ian)

3. 梦想 (eng)(iang)　4. 原因 (yuan)(yin)

5. 本性 (en)(ing)　　6. 文盲 (wen)(ang)

7. 云烟 (yun)(yan)　　8. 望风 (wang)(eng)

9. 瓮城 (weng)(eng)　10. 胸膛 (iong)(ang)

11. 空闲 (ong)(ian)　12. 龙船 (ong)(uan)

13. 战乱 (an)(uan)　　14. 万全 (wan)(uan)

15. 山林 (an)(in)　　16. 定准 (ing)(un)

(二)

1. 半天　2. 本性　3. 瓮城　4. 战争

5. 明天　6. 梦想　7. 原因　8. 文化

9. 云朵　10. 望风　11. 胸膛　12. 空闲

13. 龙船　14. 山林　15. 完全　16. 定准

第5课

一、

(一)

1. 奔跑 (b)(p)　　2. 出发 (ch)(f)　　3. 曾经 (c)(j)

4. 打开 (d)(k)　　5. 了解 (l)(j)　　6. 男生 (n)(sh)

7. 如果 (r)(g)　　8. 善良 (sh)(l)　　9. 小船 (x)(ch)

10. 见面 (j)(m)　　11. 谈话 (t)(h)　　12. 造句 (z)(j)

13. 思想 (s)(x)　　14. 展览 (zh)(l)　　15. 起床 (q)(ch)

16. 困难 (k)(n)

(二)

1. 奔跑 (en)(ao)　2. 出发 (u)(a)　　3. 曾经 (eng)(ing)

4. 打开 (a)(ai)　　5. 了解 (iao)(ie)　　6. 男生 (an)(eng)

7. 如果 (u)(uo)　　　　8. 善良 (an)(iang)　　　9. 小船 (iao)(uan)

10. 见面 (ian)(ian)　　 11. 谈话 (an)(ua)　　　12. 造句 (ao)(u=ü)

13. 思想 (-i)(iang)　　 14. 展览 (an)(an)　　　15. 起床 (i)(uang)

16. 困难 (un)(an)　　　17. 议论 (yi)(un)　　　18. 播放 (o)(ang)

19. 鹅黄 (e)(uang)　　　20. 北方 (ei)(ang)

(三)

1. 简ˇ单ˉ　　2. 美ˇ名ˊ　　3. 宝ˇ贵ˋ　　4. 长ˇ者ˇ

5. 讲ˇ究ˉ　　6. 码ˇ头ˊ　　7. 小ˇ姐ˇ　　8. 教ˋ育ˋ

9. 一ˊ再ˋ　　10. 一ˋ般ˉ　　11. 一ˋ同ˊ　　12. 一ˋ口ˇ

13. 不ˊ错ˋ　　14. 不ˊ会ˋ

二、

(一)

1. 你(N)好(h)!

2. 他(T)去(q)图(t)书(sh)馆(g)借(j)书(sh)。

3. 麦(M)克(k)从(c)加(J)拿(n)大(d)来(l)北(B)京(j)旅(l)行(x)。

4. 杰(J)斯(s)到(d)学(x)校(x)上(sh)课(k)去(q)了(l)。

5. 留(L)学(x)生(sh)努(n)力(l)地(d)学(x)习(x)。

(二)

1. 你(i)好(ao)!

2. 他(a)去(u=ü)图(u)书(u)馆(uan)借(ie)书(u)。

3. 麦(ai)克(e)从(ong)加(ia)拿(a)大(a)来(ai)北(ei)京(ing)旅(ü)行(ing)。

4. 杰(ie)斯(-i)到(ao)学(ue=üe)校(iao)上(ang)课(e)去(u=ü)了(e)。

5. 留(iu)学(ue=üe)生(eng)努(u)力(i)地(e)学(ue=üe)习(i)。

(三)

1. 你ˇ好ˇ!　　　　　　　　　2. 他ˉ去ˋ图ˊ书ˉ馆ˇ借ˋ书ˉ。

3. 麦ˋ克ˋ从ˊ加ˉ拿ˊ大ˋ来ˊ北ˇ京ˉ旅ˇ行ˊ。　　4. 杰ˊ斯ˉ到ˋ学ˊ校ˋ上ˋ课ˋ去ˋ了˙。

5. 留ˊ学ˊ生ˉ努ˇ力ˋ地˙学ˊ习ˊ。

第6课

一、

(一)

1. 巴掌 (b)(zh)　　2. 知识 (zh)(sh)　　3. 片子 (p)(z)
4. 工夫 (g)(f)　　5. 东西 (d)(x)　　6. 窗户 (ch)(h)
7. 桌子 (zh)(z)　　8. 先生 (x)(sh)　　9. 姑娘 (g)(n)
10. 帮手 (b)(sh)　　11. 橘子 (j)(z)　　12. 凉快 (l)(k)
13. 麻烦 (m)(f)　　14. 前头 (q)(t)　　15. 亭子 (t)(z)
16. 豆腐 (d)(f)

(二)

1. 巴掌 (a)(ang)　　2. 工夫 (ong)(u)　　3. 东西 (ong)(i)
4. 窗户 (uang)(u)　　5. 姑娘 (u)(iang)　　6. 帮手 (ang)(ou)
7. 凉快 (iang)(uai)　　8. 麻烦 (a)(an)　　9. 前头 (ian)(ou)
10. 豆腐 (ou)(u)　　11. 暖和 (uan)(uo)　　12. 打量 (a)(iang)
13. 漂亮 (iao)(iang)　　14. 热闹 (e)(ao)　　15. 告诉 (ao)(u)
16. 凑合 (ou)(e)

(三)

1. 巴掌　　2. 凉快　　3. 漂亮　　4. 暖和
5. 热闹　　6. 麻烦　　7. 姑娘　　8. 前头
9. 打量　　10. 告诉　　11. 窗户　　12. 谢谢
13. 耳朵　　14. 饺子　　15. 口袋　　16. 老实
17. 见识　　18. 火候

二、

(一)

1. 吃(Ch)饭(f)了(l)吗(m)?
2. 你(N)什(sh)么(m)时(sh)候(h)去(q)上(sh)班(b)?
3. 打(D)的(d)去(q)吧(b)!
4. 我( )买(m)词(c)典(d)，你(n)买(m)不(b)买(m)?
5. 来(L)盘(p)包(b)子(z)，再(z)要( )瓶(p)啤(p)酒(j)。

(二)

1. 吃(-i)饭(an)了(e)吗(a)?
2. 你(i)什(en)么(e)时(-i)候(ou)去(u=ü)上(ang)班(an)?
3. 打(a)的(i)去(u=ü)吧(a)!
4. 我(Wo)买(ai)词(-i)典(ian)，你(i)买(ai)不(u)买(ai)?
5. 来(ai)盘(an)包(ao)子(-i)，再(ai)要(yao)瓶(ing)啤(i)酒(iu)。

(三)

1. 吃饭了吗?
2. 你什么时候去上班?
3. 打的去吧!
4. 我买词典，你买不买?
5. 来盘包子，再要瓶啤酒。

第7课

一、

(一)

1. 号码儿 (h)(m)　　2. 在哪儿 (z)(n)　　3. 一下儿 ( )(x)
4. 山歌儿 (sh)(g)　　5. 树叶儿 (sh)( )　　6. 火锅儿 (h)(g)
7. 小说儿 (x)(sh)　　8. 灯泡儿 (d)(p)　　9. 红包儿 (h)(b)
10. 口罩儿 (k)(zh)　　11. 豆角儿 (d)(j)　　12. 老头儿 (l)(t)
13. 纽扣儿 (n)(k)　　14. 加油儿 (j)( )　　15. 小偷儿 (x)(t)
16. 名牌儿 (m)(p)　　17. 小孩儿 (x)(h)　　18. 一会儿 ( )(h)

(二)

1. 号码儿 (ao)(ar)　　2. 在哪儿 (ai)(ar)　　3. 一下儿 (yi)(iar)
4. 山歌儿 (an)(er)　　5. 树叶儿 (u)(yèr)　　6. 火锅儿 (uo)(uor)
7. 小说儿 (iao)(uor)　　8. 灯泡儿 (eng)(aor)　　9. 红包儿 (ong)(aor)
10. 口罩儿 (ou)(aor)　　11. 豆角儿 (ou)(iaor)　　12. 老头儿 (ao)(our)
13. 纽扣儿 (iu)(our)　　14. 加油儿 (ia)(your)　　15. 小偷儿 (iao)(our)
16. 名牌儿 (ing)(air)　　17. 小孩儿 (iao)(air)　　18. 一会儿 (yi)(uir)

(三)

1. 号码儿　　2. 在哪儿　　3. 一下儿　　4. 山歌儿

5. 树叶儿　　6. 火锅儿　　7. 小说儿　　8. 灯泡儿

9. 红包儿 10. 口罩儿 11. 豆角儿 12. 老头儿
13. 纽扣儿 14. 加油儿 15. 小偷儿 16. 名牌儿
17. 小孩儿 18. 一会儿

二、
(一)
1. 我( )们(m)今(j)天(t)下(x)午( )买(m)了(l)一( )个(g)小(x)花(h)盆儿(p)。
2. 一( )个(g)老(l)头儿(t)正(zh)拿(n)着(zh)鱼( )竿儿(g)钓(d)鱼( )呢(n)。
3. 桌儿(Zh)上(sh)的(d)花(h)瓶儿(p)里(l)插(ch)着(zh)一( )些(x)菊(j)花儿(h)。
4. 你(N)要( )是(sh)有( )空儿(k),就(j)到(d)我( )家(j)来(l)玩儿( ),咱(z)俩(l)聊(l)聊(l)天儿(t)。
5. 他(T)一( )直(zh)在(z)河(h)边儿(b)来(l)回(h)走(z),不(b)知(zh)发(f)生(sh)了(l)什(sh)么(m)事儿(sh)。

(二)
1. 我(Wo)们(en)今(in)天(ian)下(ia)午(u)买(ai)了(e)一(yi)个(e)小(iao)花(ua)盆儿(enr)。
2. 一(Yi)个(e)老(ao)头儿(our)正(eng)拿(a)着(e)鱼(yu)竿儿(anr)钓(iao)鱼(yu)呢(e)。
3. 桌儿(uor)上(ang)的(e)花(ua)瓶儿(ingr)里(i)插(a)着(e)一(yi)些(ie)菊(u=ü)花儿(uar)。
4. 你(i)要(yao)是(-i)有(you)空儿(ongr),就(iu)到(ao)我(wo)家(ia)来(ai)玩儿(wanr),咱(an)俩(ia)聊(iao)聊(iao)天儿(ianr)。
5. 他(a)一(yi)直(-i)在(ai)河(e)边儿(ianr)来(ai)回(ui)走(ou),不(u)知(-i)发(a)生(eng)了(e)什(en)么(e)事儿(-ir)。

(三)
1. 我们今天下午买了一个小花盆儿。
2. 一个老头儿正拿着鱼竿儿钓鱼呢。
3. 桌儿上的花瓶儿里插着一些花儿。
4. 你要是有空儿,就到我家来玩儿,咱俩聊聊天儿。

5. 他一直在河边儿来回走,不知发生了什么事儿。

第8课

(一)

1. 你(N)快(k)记(j)下(x)来(l)呀( )!
2. 外( )边(b)冷(l),你(n)别(b)脱(t)呀( )!
3. 你(N)真(zh)忙(m)啊( )!
4. 真(Zh)渴(k)呀( )! 有( )喝(h)的(d)吗(m)?
5. 画(H)得(d)挺(t)好(h)的(d),别(b)撕(s)啊( )!
6. 衣( )服(f)早(z)送(s)来(l)了(l),你(n)还(h)没(m)换(h)哪(n)!
7. 这(zh)种(zh)中(zh)药( )的(d)味( )道(d)可(k)真(zh)苦(k)哇( )!

(二)

1. 你(i)快(uai)记(i)下(ia)来(ai)呀(ya)!
2. 外(Wai)边(ian)冷(eng),你(i)别(ie)脱(uo)呀(ya)!
3. 你(i)真(en)忙(ang)啊(nga)!
4. 真(en)渴(e)呀(ya)! 有(you)喝(e)的(e)吗(a)?
5. 画(Wa)得(e)挺(ing)好(ao)的(e),别(ie)撕(-i)啊([z]a)!
6. 衣(Yi)服(u)早(ao)送(ong)来(ai)了(e),你(i)还(ai)没(ei)换(uan)哪(a)!
7. 这(e)种(ong)中(ong)药(yao)的(e)味(wei)道(ao)可(e)真(en)苦(u)哇(wa)!

(三)

1. 你快记下来呀!   2. 外边冷,你别脱呀!

3. 你真忙啊!   4. 真渴呀! 有喝的吗?

5. 画得挺好的,别撕啊!   6. 衣服早送来了,你还没换哪!

7. 这种中药的味道可真苦哇!

第9课

一、

(一)

1. 胜利 (sh)(l)   2. 最好 (z)(h)   3. 遵守 (z)(sh)
4. 总理 (z)(l)   5. 制服 (zh)(f)   6. 无限 ( )(x)

7. 青春 (q)(ch) 8. 未来 ( )(l) 9. 朗读 (l)(d)
10. 我们 ( )(m) 11. 桌子 (zh)(z) 12. 看看 (k)(k)

(二)
1. 胜利 (eng)(i) 2. 最好 (ui)(ao) 3. 遵守 (un)(ou)
4. 总理 (ong)(i) 5. 制服 (-i)(u) 6. 无限 (wu)(ian)
7. 青春 (ing)(un) 8. 未来 (wei)(ai) 9. 朗读 (ang)(u)
10. 我们 (wo)(en) 11. 桌子 (uo)(-i) 12. 看看 (an)(an)

(三)
1. 胜利 ˋˋ 2. 最好 ˋˇ 3. 遵守 ¯ˇ 4. 总理 ˇˇ
5. 制服 ˋˊ 6. 无限 ˊˋ 7. 青春 ¯¯ 8. 未来 ˋˊ
9. 看看 ˋ· 10. 我们 ˇ· 11. 桌子 ¯· 12. 朗读 ˇˊ

二、
(一)
1. 这(Zh)事(sh)你(n)看(k)着(zh)办(b)吧(b)！→
2. 难(N)道(d)我( )不(b)能(n)去(q)吗(m)？↗
3. 你(N)休(x)息(x)一( )下(x)，别(b)累(l)坏(h)了(l)。↘
4. 你(N)呀( )你(n)呀( )，↓怎(z)么(m)老(l)记(j)不(b)住(zh)？↗
5. 哥(G)哥(g)一( )点儿(d)也( )不(b)急(j)。↗
6. 他(T)看(k)了(l)一( )眼( )。→
7. 她(T)很(h)喜(x)欢(h)这(zh)条(t)裙(q)子(z)。↓
8. 这(Zh)本(b)书(sh)好(h)极(j)了(l)。↗

(二)
1. 这(e)事(-i)你(i)看(an)着(e)办(an)吧(a)！→
2. 难(an)道(ao)我(wo)不(u)能(eng)去(u=ü)吗(a)？↗
3. 你(i)休(iu)息(i)一(yi)下(ia)，别(ie)累(ei)坏(uai)了(e)。↘
4. 你(i)呀(ya)你(i)呀(ya)，怎(en)么(e)老(ao)记(i)不(u)住(u)？↗
5. 哥(e)哥(e)一(yi)点儿(ianr)也(ye)不(u)急(i)。↗
6. 他(a)看(an)了(e)一(yi)眼(yan)。→
7. 她(a)很(en)喜(i)欢(uan)这(e)条(iao)裙(un=ün)子(-i)。↓
8. 这(e)本(en)书(u)好(ao)极(i)了(e)。↗

（三）

1. 这事你看着办吧！→

2. 难道我不能去吗？↑

3. 你休息一下，别累坏了。↓

4. 你呀你呀，怎么老记不住？↑

5. 哥哥一点儿也不急。↑

6. 他看了一眼。→

7. 她很喜欢这条裙子。↓

8. 这本书好极了。↑